Bibliografische Information der Deutschen Nationalbibliothek:

Die Deutsche Bibliothek verzeichnet diese Publikation in der Deutschen Nationalbibliografie; detaillierte bibliografische Daten sind im Internet über http://dnb.d-nb.de/ abrufbar.

Impressum:

Druck und Bindung: Books on Demand GmbH, Norderstedt Germany
ISBN: 9783668562905

Dieses Buch bei GRIN:

http://www.grin.com/de/e-book/378863/internationalisierung-im-deutschen-fussball

Dennis Wörther

Internationalisierung im deutschen Fußball

GRIN Verlag

Hochschule Mittweida Fakultät: Medien

BACHELORARBEIT

Internationalisierung im deutschen Fußball

Autor/in:
Herr Dennis Wörther

Studiengang:
Angewandte Medien

Seminargruppe:
AM13wS5-B

Einreichung:
Mannheim, 16.Juni 2016

Abstract

Die vorliegende Bachelorarbeit beschäftigt sich mit der Internationalisierung im deutschen Fußballsport und den damit zusammenhängenden Auswirkungen auf das Markenmanagement. Markenführung und Markenkommunikation werden hinsichtlich ihrer Relevanz für ein erfolgreiches Markenmanagement im internationalen Fußballgeschäft untersucht und bewertet. Die Arbeit analysiert dabei den Zusammenhang zwischen Markenbekanntheit und einer erfolgreichen Vermarktung im Ausland. Es konnte bewiesen werden, dass eine erfolgreiche Marke bessere Vermarktungsmöglichkeiten auf internationaler Ebene ermöglicht. Abschließend werden die Erfolgsfaktoren aufgezeigt und Handlungsempfehlungen für eine erfolgreiche Internationalisierungsstrategie gegeben.

Inhaltsverzeichnis

Abkürzungsverzeichnis

AC	Associazione Calcio
AG	Aktiengesellschaft
BMWi	Bundesministerium für Wirtschaft und Energie
DFB	Deutscher Fußball-Bund
DFL	Deutsche Fußball Liga
e.V.	eingetragener Verein
FC	Fußballclub
FSV	Fußballsportverein
GmbH & CO KGaA	Kommanditgesellschaft auf Aktien, Komplementär Gesellschaft mit beschränkter Haftung
MarkenG	Markengesetz
RB	Rasenballsport
SBFV	Südbadischer Fußballverband
SC	Sportclub
TSG	Turn- und Sportgemeinschaft
UEFA	Union of European Football Association
VfL	Verein für Leibesübungen
WM	Weltmeisterschaft

Abbildungsverzeichnis

1. Einleitung

1.1 Hinführung zur Thematik

Die Massensportart Fußball begeistert die Menschen weltweit. Über 200 Millionen Menschen spielen aktiv Fußball (vgl. FIFA 2015). Hinzu kommt eine große Anzahl an Hobbyspielern, die ihrer Leidenschaft nach Fußball in der Freizeit nachkommen. Die Sportart verbindet nicht nur die aktiven Fußballer sondern auch die Hobbyfußballer, Zuschauer und Fußballinteressierten und schafft gemeinsame Interessen. Dabei entstehen Emotionen und Leidenschaft. Der gesellschaftliche Stellenwert des Fußballs ist in Deutschland sehr hoch. Besonders durch den WM-Sieg im Jahr 2014 ist die Popularität des Fußballs gestiegen. Menschen, unabhängig von ihrer sozialen Herkunft, fiebern nicht nur für ihr Land, sondern auch für ihren Verein. Die Globalisierung macht auch vor dem Sport nicht halt. Zunehmende internationale Verflechtungen zwischen, Politik, Wirtschaft, Medien, Zuschauern und den Vereinen selbst erfordern ein Umdenken und Anpassen an die veränderten Rahmenbedingungen. Die FIFA als Weltfußballverband und gleichzeitig Dachorganisation der sechs Kontinentalverbände hat mit Beginn der neunziger Jahre Strukturen geschaffen und mittlerweile etabliert, die dazu geführt haben, dass die Vereine ihre strategischen Ziele stärker am internationalen Markt ausgerichtet haben. Die damit zusammenhängenden Chancen und Potenziale wurden von den Vereinen im internationalen Vergleich zu unterschiedlichen Zeitpunkten erkannt und genutzt. Der steigende Konkurrenzdruck und der ständige Vergleich mit internationalen Wettbewerbern erfordern von den deutschen Vereinen besondere Maßnahmen. Die Bedeutung der Internationalisierung für den deutschen Fußball wird in der folgenden Arbeit genauer untersucht.

1.2 Fragestellung

Wie bereits ausgeführt hat sich der Fußball in den vergangenen Jahren aus kommerziellen Gründen stark verändert. Deshalb ist für die Vereine eine Positionierung auf dem Markt, ebenso wie ein Abstimmen des Handelns aufgrund der Veränderungen vonnöten. Die vorliegende Bachelorarbeit beschäftigt sich mit der Internationalisierung im deutschen Fußballsport. Dabei soll der Frage nachgegangen werden, ob die Internationalisierung Auswirkungen auf das Markenmanagement hat und wie dieses aufgebaut sein sollte, um international konkurrenzfähig zu bleiben. Ebenso wird untersucht wie die Zielgruppen analysiert werden. Darüber hinaus wird festgelegt, wie eine Marke interkulturell funktionieren kann.

1.3 Methodische Vorgehensweise

Das Hauptziel dieser Arbeit ist es, die Internationalisierung und die damit auftretenden Besonderheiten darzustellen. Dazu wird im zweiten Kapitel das Fußballbusiness allgemein erläutert. Dabei werden die Strukturdaten, der Aufbau der europäischen Ligen und Besonderheiten in Deutschland, wie z.B. die „50+1-Regel", erklärt.

Das dritte Kapitel befasst sich mit dem Sportmarketing. Die Bedeutung des Markenmanagements wird genau unter die Lupe genommen. Mit dem Markenmanagement werden die Markenführung und Markenkommunikation genauer definiert.

Im vierten Kapitel wird die stetig wachsende Internationalisierung im deutschen Fußball erläutert. Nachfolgend wird die Markenbekanntheit im Zusammenhang mit der Internationalisierung untersucht. Des Weiteren werden die Gründe, die Ziele und die Triebkräfte für die deutschen Fußballvereine im Hinblick auf eine Internationalisierung dargelegt.

Im folgenden Praxisteil der Arbeit wird der FC Bayern München in Bezug auf die Internationalisierung untersucht.

Abschließend werden Handlungsempfehlungen und Erfolgsfaktoren für die Internationalisierung dargestellt.

2. Fußballbusiness

2.1 Strukturdaten

Der Fußball gilt in Deutschland als repräsentativste Sportart im Hochleistungssport. Sowohl die Anzahl an spielenden Akteuren, als auch das Interesse am Fußballsport nimmt einen großen Anteil in der deutschen Gesamtbevölkerung ein (vgl. Bölz 2013, 49). Die Bundesliga in Deutschland hat in der Saison 2014/2015 bereits das elfte Mal in Folge einen Umsatzrekord in Höhe von 2,62 Milliarden Euro erzielt. Die folgende Grafik zeigt die stark anwachsende Umsatzkurve in der 1. und 2. Fußball-Bundesliga.

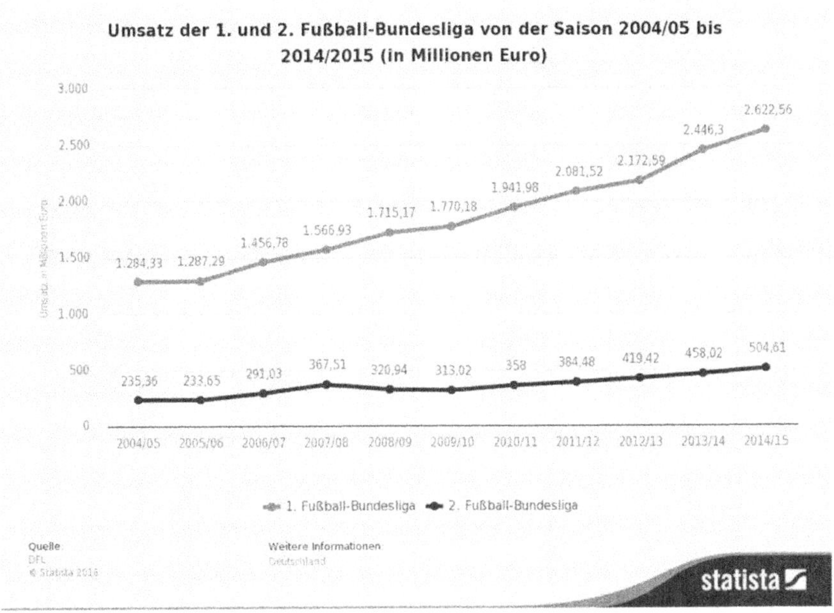

Abbildung 1: Umsatz der 1. und 2. Bundesliga (DFL 2016).

„Durch den steigenden Umsatz und das komplexe Aufgabengebiet ergeben sich im Fußball viele neue Arbeitsplätze. In der Saison 2014/2015 hatten erstmals mehr als

50.000 Menschen in direkter Anstellung oder durch Beauftragung der 36 Profiklubs und deren Tochterunternehmen einen Arbeitsplatz“ (Bundesliga Report 2016).

Der Fußballmarkt wird in Deutschland in einem vertikalen Ligensystem geregelt. Vom Amateurbereich bis hin zum Hochleistungssport stellen sich die Teams in einem Ligabetrieb und spielen um Auf- und Abstieg. Mit der vertikalen Abgrenzung des Ligensystems gelingt eine Qualitätsdifferenzierung. Das sorgt wiederum für eine höhere Ausgeglichenheit der Spielstärke in den unterschiedlichen Ligen. Dadurch bleibt die Spannung erhalten und die Spiele sind für die Zuschaer attraktiver (vgl. Daumann 2012, 13).

Die deutsche Fußball-Liga (DFL) organisiert den Fußball in Deutschland. Sie kümmert sich um die Organisation und Vermarktung der Fußballbundesliga (vgl. DFL profil 2016). Die unteren Ligen werden von den jeweiligen Regionalverbänden organisiert. Jedes Team hat die Möglichkeit, in der obersten oder untersten Liga zu spielen, jedoch gehen die sportlichen und finanziellen Möglichkeiten, um einen Aufstieg zu ermöglichen, weit auseinander.

Der Fußball hat sich in den letzten Jahren verstärkt an den Bedürfnissen der Zuschauer ausgerichet. Die Frage lautet nun, warum ist das Interesse am Fußball so hoch. Dabei spielen verschiedene Faktoren wie Unterhaltung, Abschalten vom Alltag, Spannung und soziale Interaktion eine wichtige Rolle (vgl. Schade 2012, 44ff). Die Vereine müssen sich vermarkten, um wettbewerbsfähig zu bleiben. Daher verfolgen Fußballvereine sportliche und wirtschaftliche Ziele. Die Vermarktungsfähigkeit eines Fußballvereins ist abhängig vom sportlichen Erfolg. Je erfolgreicher ein Klub ist, desto attraktiver ist er für Unternehmen und desto besser lässt er sich vermarkten. Damit die Schere zwischen erfolgreichen und weniger erfolgreichen Vereinen in Deutschland nicht zu weit auseinander geht, wird die Bundesliga von der DFL zentral vermarket. Das bedeutet, dass die DFL die Fernsehrechte der Bundesliga in einem Paket an verschiedene Fernsehsender verkauft. Über einen Verteilungsschlüssel wird das Fernsehgeld je nach Erfolg an die 36 Profivereine verteilt, wodurch die erfolgreichen Fußballvereine den größten Anteil bekommen. Allerdings wünschen sich die großen Vereine in Deutschland die dezentrale Vermarktung, um höhere Einnahmen zu generieren und damit international konkurrenzfähig zu bleiben. Der FC Bayern München könnte z.B. durch eine dezentrale Vermarktung, auch Einzelvermarktung genannt, seinen Umsatz vervierfachen. Allerdings ist es für weniger erfolgreiche Klubs schwerer, sich selbst zu vermarkten (vgl. Handelsblatt 2016).

Das Lizenzierungsverfahren der 36 Profivereine ist eine Maßnahme, um die Kommerzialisierung im Rahmen zu halten. Die Vereine müssen bestimmte Bedingungen erfüllen, um eine Lizenz für die Bundesliga zu bekommen und damit am Spielbetrieb für die nächste Saison teilzunehmen. Dadurch wird verhindert, dass ein Klub während der Spielzeit den Spielbetrieb einstellen muss. Das sorgt für eine Stabilität und Beständigkeit des Wettbewerbs. Ein Verein wird auf sportliche, finanzielle, rechtliche und personelle Kriterien bewertet. Daraufhin bekommt er bestimmte Auflagen und Bedingungen, die er erfüllen muss. Erfüllt ein Verein nicht die Auflagen für eine Lizenz, erhält er keine Spielberechtigung und wird somit vom Spielbetrieb für das nächste Jahr ausgeschlossen (vgl. Bundesliga 2014).

In der Saison 2014/2015 besuchten über 13 Millionen Zuschauer die 306 Spiele der 1. Fußballbundesliga in Deutschland (vgl. kicker 2016). Diese hohe Anzahl an Besuchern hat mehrere Gründe. Eine Ursache ist die Ergebnisoffenheit, die den Sport so spannend macht (vgl. Horch/Schubert/Walzel 2014, 26). Das Ergebnis des Wettkampfs ist vorher nicht bekannt. Das macht den Reiz für die Zuschauer aus.

„Die einzelnen Spiele sind Teil eines Ligensystems. Das Meisterschaftsrennen insgesamt, sorgt für eine hohe Nachfrage der Konsumenten nach Eintrittskarten, Fernsehübertragungen oder Fanartikeln und von Unternehmen nach Werbemöglichkeiten“ (Klein 2004, 16).

Laut Nufer/Bühler unterscheidet sich der Sportmarkt von anderen Wirtschaftsmärkten durch folgende vier Besonderheiten. Die erste betrifft der Wettbewerb den Sportmarkt. Die Mannschaften treten in unterschiedlichen Wettbewerben gegeneinander an. Durch Regeln, die von den jeweiligen Verbänden festgelegt werden, entsteht ein Rahmen. Ein Ziel ist es, die Liga so ausgeglichen wie möglich zu gestalten. Die 18 Mannschaften der 1. Bundesliga sind einerseits Konkurrenten, andererseits aber wirtschaftlich voneinander abhängig. Das beschreibt die zweite Besonderheit: die „assoziative Konkurrenz“. Im Vergleich zu normalen Wirtschaftsbranchen, welche gerne auf den Wettbewerb verzichten, sind die Vereine aufeinander angewiesen. Dabei spricht man von Kooperenz. Durch die Konkurrenz entsteht ein sportlicher Wettkampf. Die Fokussierung auf den sportlichen Erfolg ist die dritte Besonderheit im Sportmarkt. Sportclubs zielen darauf ab, Spiele und Wettbewerbe zu gewinnen. Doch mittlerweile haben die Sportclubs erkannt, dass sportliche und wirtschaftliche Ziele für eine finanziell abgesicherte Zukunft wichtig sind. Die finanzielle Situation eines Vereins ist die Grundlage, um sportlich erfolgreich zu sein. Die vierte Besonderheit ist die öffentliche Wahrnehmung. Die Emotionalisierung und Popularisierung der Massen trägt dazu bei, dass die Sportorganisationen einer breiten

Öffentlichkeit ausgesetzt sind (vgl. Nufer/Bühler 2013, 8ff.). Das bedeutet, dass jede Person, die sich für eine Sportart interessiert, ihre eigene Meinung bildet. Somit entstehen verschiedene Ansichten, die teils leidenschaftliche Diskussionen auslösen.

Diese Besonderheit bezeichnet Freyer als „Alle sind Experten". In nur wenigen anderen Bereichen versuchen so viele Laien und „betriebsfremde" Personen bei Entscheidungen mitzureden. Dies beginnt bei den „Mitarbeitern", den Vereins- und Verbandsmitgliedern, führt aber auch zu den „Konsumenten", den Zuschauern und den Medien. „Viele halten sich für Sportfachleute und hätten beispielsweise einen anderen Spieler an einem anderen Tag gegen einen anderen Gegner mit anderer Trainingsvorbereitung und anderer Taktik antreten lassen" (Freyer 2011, 77). Damit will Freyer die unterschiedlichen Meinungen und Ansichten des Sports aufzeigen. Jeder Fußballinteressierte hat eine andere Ansicht und Auffassung von Fußball und versucht mitzureden. Die Entscheidungen müssen vor der breiten Öffentlichkeit gerechtfertigt werden. Ein Sportverein muss wichtige Entscheidungen treffen und dabei stets ökonomische und sportliche Gesichtspunkte berücksichtigen (vgl. ebd.).

Im Gegensatz zu anderen Wirtschaftsbereichen steht Sport für Leistungsorientierung und Leistungsgerechtigkeit. Hier kann durch harte Arbeit und hohe Leistungsbereitschaft Großes erreicht werden. Allerdings greift die Wirtschaft in zunehmendem Maße in den Sport ein. Dieses Phänomen nennt man Kommerzialisierung. Dadurch gibt es im Fußball die sogenannten „Retorten-Clubs" wie Leverkusen, Wolfsburg, Hoffenheim und Leipzig (vgl. Horch/Schubert/Walzel 2014, 139). Ein Retortenverein verfügt über keine lange Tradition und keine gewachsene Fanszene, sondern wird durch einen Investor finanziell unterstützt, der damit die Hoffnung auf Erfolg verbindet. Im Gegensatz hierzu zeichnen sich Traditionsvereine durch eine erfolgreiche Vergangenheit aus.

2.2 Aufbau der europäischen Fußballligen

Der Fußball beschäftigt sich mit Themen, die ein hohes öffentliches Konfliktpotenzial beinhalten. Die folgende Tabelle zeigt die unterschiedlichen Wettbewerbe im Fußball in Bezug auf die zeitlich festgelegten Zyklen. Die Meisterschaft unterscheidet sich vom Pokal durch das Ligensystem. Durch Sieg, Unentschieden oder Niederlage nach dem Aufeinandertreffen aller Mannschaften einer Liga stehen die Platzierungen der Mannschaften fest. Diese Platzierungen entscheiden über die Teilnahme an internationalen Wettbewerben. Beim nationalen Pokal muss jede Runde gewonnen werden, um ins Endspiel zu gelangen. Der internationale Wettbewerb ist eine Mischung aus einer Gruppenphase, gefolgt von einer KO-Phase, ähnlich wie beim nationalen Pokal.

Zielinhalt **Zeitbezug**	**Meisterschaft**	**Nationaler Pokal**	**Internationaler Wettbewerb (z.B. Champions League**
Myozyklus (1Spiel)	Sieg Unentschieden Niederlage	Sieg Niederlage	Sieg Unentschieden Niederlage
Mikrozyklus (1Saison)	Platz x bis y	Runde	Runde/Gruppenphase
Mesozyklus (2-3 Saisons)	Aufstieg Ligaetablierung Internationale Qualifikation	Teilnahme	Teilnahme
Makrozyklus (> 3 Saisons)	Profi-Club (Mitglied des Profiteamsports) Nationaler-Club (Mitglied der nationalen Spitze) Champion-Club (Mitglied der europäischen Spitze) Sonstige		

Abbildung 2: Dimensionierung sportlichen Erfolgs nach Inhalt und Zeitbezug (Keller 2012, 127)

Die Tabelle zeigt die Übersicht der unterschiedlichen Wettbewerbe, an denen sich Fußballvereine beteiligen. Die Meisterschaft gilt als wichtigster Wettbewerb. Daher ist es für einen Verein wichtig, die Ziele für mehrere Jahre festzulegen. Die Platzierung in der Liga beeinflusst das Auftreten einer Mannschaft in der Folgesaison. Je nach Erfolg können durch den nationalen Pokal Zusatzerlöse eingefahren werden. Allerdings sorgt eine Mehrfachbelastung durch mehrere Wettbewerbe für einen Leistungsverlust. Daher ist es für Vereine wichtig, einen großen Kader zu besitzen. Die Kunst dabei ist es, alle Spieler so einzusetzen, dass sie die ganze Saison leistungsbereit sind. Ein frühzeitiges Ausscheiden im Pokal kann zu finanziellen Problemen führen (vgl. Keller 2012, 127f.). Den höchsten Stellenwert beim deutschen Publikum hat die Champions League, in der sich die besten europäischen Vereine messen. Zusätzlich gibt es noch die Europa League, der zweitwichtigste europäische Pokal. Die UEFA organisiert beide Wettbewerbe. Bei beiden Formaten stellen sich die Vereine aus Europa in verschiedenen Qualifikationsrunden und Gruppenspielen, gefolgt von einer KO-Phase, die in jeweils einem Endspiel endet. Die Teilnahme an europäischen Pokalwettbewerben ist daher finanziell wie aus Sicht öffentlicher Wahrnehmung sehr lukrativ. An zweiter Stelle rangieren, was finanzielle Bedeutung anbelangt, der nationale Pokalwettbewerb und die Meisterschaft.

2.3 „50+1-Regel“ in Deutschland

In den europäischen Top-Ligen in England, Spanien und Italien gibt es Vereine, die in Privatbesitz von einzelnen Personen sind. Um dieser finanziellen Abhängigkeit entgegenzuwirken, gibt es in der Bundesliga die sogenannte „50+1-Regel“. Sie besagt, dass der Verein selbst die Mehrheit an Stimmen besitzen muss. Damit soll die Entscheidungsmacht von Investoren unter Kontrolle bleiben. Sie wird teilweise sehr kritisch gesehen, da die Regel viele Ausnahmen mit sich führt. Nach über 20jähriger ununterbrochener Förderung eines Vereins ist auf Antrag bei der DFL eine Ausnahme möglich. Die TSG Hoffenheim wird von SAP Gründer Dietmar Hopp seit vielen Jahren finanziell unterstützt. Ihm gehören über 90 % der TSG Hoffenheim und seit Juli 2015 hat er ebenfalls die Mehrheit der Stimmrechte. Ein weiteres Beispiel ist RB Leipzig: Die Mannschaft wurde gegründet, um das Marketing von Red Bull anzukurbeln, und wird teilweise sehr kritisch betrachtet. Der VfL Wolfsburg und Bayer Leverkusen erhielten ebenfalls eine Ausnahme (vgl. Näher 2015). Die DFL hat sich zum Ziel gesetzt die Traditionsvereine zu schützen und die Kapitalgesellschaften nicht über den traditionellen Fußball siegen zu lassen. Eine voranschreitende Kommerzialisierung kann nicht verhindert werden, die Aufgabe ist es jedoch, diese im Rahmen zu halten. Allerdings könnten viele Vereine ohne Investoren und die dazugehörige Wirtschaft gar nicht mehr existieren. Die Vereine sind durch den immer größer werdenden Konkurrenzkampf auf Investoren angewiesen um überlebensfähig zu bleiben.

2.4 TV-Gelder

Die Erlöse der Bundesligavereine setzen sich aus Spielertrag, Werbung, medialer Verwertung, Transfer, Merchandising und Sonstigem zusammen. Speziell in der Saison 2014/2015 sah der Anteil am Gesamterlös folgendermaßen aus: Spielertrag 20%, Werbung 26%, mediale Verwertung 28%, Transfer 9%, Merchandising 7% und Sonstiges 10%. Es fällt auf, dass durch die Erträge der medialen Verwertung in Höhe von 731,1 Millionen Euro der größte Anteil des Gesamtumsatzes generiert wird (vgl. bundesliga report 2016, 26).

Betrachtet man den Umsatz der anderen Top Ligen in Europa rein bezogen auf die medialen Fernsehrechte, so hinkt Deutschland deutlich hinterher. Ursprünglich waren die TV-Gelder eine Entschädigung dafür, dass Zuschauer vom Stadionbesuch abgehalten wurden. In der Saison 2014/2015 erhielt die englische Premier League über 2 Milliarden Euro und die Bundesliga gerade mal ein Drittel, wie bereits erwähnt knapp über 700 Millionen Euro. Die Schere zur Premier League wird in der Saison 2016/2017 noch weiter auseinander klaffen, wenn die Premier League 2,5 Milliarden Euro pro Spielzeit verdient. Die Bundesliga nimmt diese Summe über einen Zeitraum von vier Jahren ein. Die große Differenz entsteht durch die bessere Auslandsvermarktung der Premier League. Die folgende Abbildung zeigt die große Differenz der Einnahmen durch TV-Gelder in den Top-Ligen. Deutschland ist nur auf dem fünften Platz hinter England, Italien, Spanien und Frankreich. Allerdings werden in der Abbildung nur die nationalen TV-Einnahmen mit einberechnet. Insoweit weichen die Zahlen in der Abbildung von den oben genannten teilweise ab. Zudem wird die Bundesliga wie bereits erwähnt zentral vermarktet, was für die erfolgreichen Klubs im internationalen Vergleich geringere Einnahmen bedeutet. Das überträgt sich auch auf die internationale Wettbewerbsfähigkeit. Vergleicht man zum Beispiel den FC Bayern München als letztjährigen deutschen Meister, mit 50,6 Millionen Euro Umsatz nur durch mediale Verwertung, so verdient der Letzte der Premier League nur durch die TV-Einnahmen über 35 Millionen Euro mehr. Die Fernsehgelder setzen sich aus der Inlands- und der Auslandsvermarktung zusammen (vgl. kicker 2015). Allerdings ist der Erlös in der Bundesliga nicht von den medialen Rechten abhängig, sondern entsteht aus einer gesunden Mischung der oben genannten Einnahmequellen. Betrachtet man die sportlichen Erfolge der letzten Jahre fällt auf, dass die deutschen Fußballvereine besser wirtschaften als die englischen. Die Attraktivität der englischen Liga ist unumstritten. Das liegt hauptsächlich an ihrer Ausgeglichenheit. In England gibt es mehrere Mannschaften, die sich jährlich um die Meisterschaft streiten. Das zeigt der Überraschungsmeister von 2016 Leicester City, der das Jahr zuvor noch gegen den

Abstieg gespielt hat. Die Ausgeglichenheit ist ein Vorteil gegenüber anderen Ländern wie beispielsweise Spanien, wo Real Madrid und Barcelona jährlich um die Meisterschaft kämpfen.

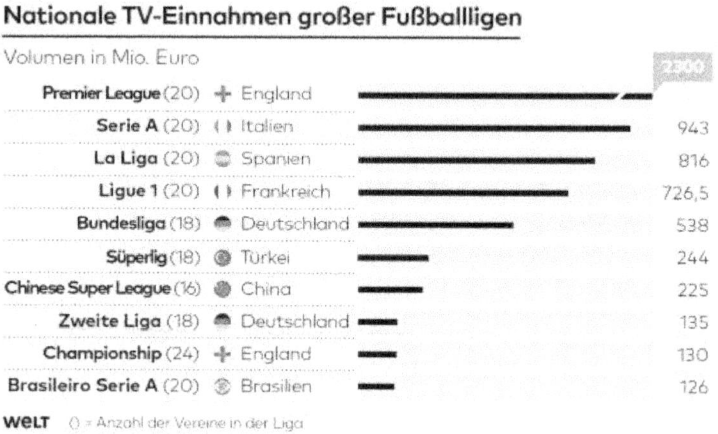

Abbildung 3: TV-Einnahmen großer Fußballligen (Wöckener/Tenbusch 2016)

2.5 Akteure

Betrachet man den Sportmarkt im deutschen Fußball und dessen Struktur, erkennt man mehrere Akteure, welche in der nachfolgenden Tabelle in Sport-Anbieter und Sport-Nachfrager unterschieden werden.

Sport-Anbieter	Sport-Nachfrager
Vereine	Mitglieder (aktiv und pasiv)
Verbände	Nicht-Mitglieder (potentielle Mitglieder, Zuschauer, Urlauber)
Veranstaltungsträger	Zuschauer (aktiv und passiv)
Einzelsportler oder Mannschaft	Staat (Breitensport, Volksgesundheit, Sport als Politik)
Medien	Privatwirtschaft (Sponsoren)

Abbildung 4: Sport-Anbieter und Sport-Nachfrager (eigene Darstellung in Anlehnung an Freyer 2004, 40.)

Alle zuvorgenannten Akteure beeinflussen das Fußballbusiness. Die für die Internationalisierung im Sport wichtigsten Akteure auf Anbieter- und Nachfragerseite: Verbände, Medien, Zuschauer und die Wirtschaft werden in den folgenden Kapiteln genauer betrachtet.

2.5.1 Verbände

Betrachtet man die Verbandsstruktur in Deutschland, erkennt man eine nationale föderale Struktur. Als Basis gibt es 21 Landesverbände (z.B. SBFV). Diese sind in fünf Regionalverbänden (z.B. Süddeutscher Fußball-Verband) zusammengefasst (siehe Abbildung), welche wiederum den Deutschen Fußball-Verband (DFB) bilden. Diese Struktur setzt sich auf internationaler Ebene fort: Die nationalen Verbände Europas bilden den Kontinentalverband UEFA, gemeinsam mit 5 weiteren Kontinentalverbänden wird der Weltverband FIFA getragen.

Die Parallelen zur Struktur der Ligen (siehe Kapitel 2.2) sind auffällig: Je größer ein Verband (bezogen auf Anzahl Mitglieder und Leistungsfähigkeit) umso mehr Möglichkeiten zur Einflussnahme hat er. Simpel ausgedrückt: Die Fernsehrechte einer WM verhandelt nicht der DFB, sondern die FIFA. Damit wird klar, dass die Basisverbände ihr Augenmerk auf die Einflussnahme im darüber liegenden Verband richten. Mit Einfluss sichern sie sich wirtschaftliche Vorteile. Darüber hinaus sind die Verbände in ihrer Rolle als Anbieter darauf ausgerichtet, Sport so effizient wie möglich zu vermarkten. Ihren Fokus richten sie dabei auf die Verwertung des attraktivsten Produktes.

Abbildung 5: Verbandsstruktur in Deutschland (vgl. DFB 2015)

2.5.2 Medien (insbesondere TV)

Der Sport hat sich in den letzten Jahrzehnten zu einem der bedeutensten massenmedialen Kommunikationsthemen entwickelt. Im Zusammenspiel mit den Medien ist der Sport ein fester Bestandteil des Alltags geworden. Die zunehmende Kommerzialisierung des Sports führte zu einer Medialisierung. Dadurch ergeben sich für die Sportvereine und Sportverbände neue Möglichkeiten, um zum Beispiel durch Präsenz in den Medien Aufmerksamkeit zu erlangen. Die Medien nutzen den Sport, um hohe Einschaltquoten zu generieren. Die engere Symbiose von Medien und Spitzensport beeinflusst das Handeln der Akteure. Dadurch steigt der Erfolgsdruck. Die sportlichen Leistungen sind nicht die zentralen Gründe, vielmehr geht es heutzutage um Spielergehälter, Werbeverträge und das Privatleben der Sportler (vgl.

Schneider/Köhler/Schumann 2016, 11f.). Die Medienwirksamkeit unterstreicht die Einschaltquote beim Fußball-Weltmeisterschaftsfinale 2014 zwischen Deutschland und Argentinien. Über 34,5 Millionen Zuschauer in Deutschland sahen ohne Berücksichtigung von Zuschauern auf Public Viewings das Endspiel. Das ist ein Marktanteil von über 85% und somit ein Quotenrekord für die meisten Fernsehzuschauer, die jemals ein Fußballspiel gesehen haben. Diese statistischen Auswertungen belegen, dass Fußball in Deutschland Mediensportart Nummer eins ist (vgl. Schröder 2014). Ein weiteres Indiz ist, dass die 49 Sportübertragungen mit den höchsten Einschaltquoten alles Fußballspiele waren (vgl. Schwegler 2014). Die Experten gehen davon aus, dass der Stellenwert des Profifußballs weiter steigen wird. Durch den Erfolg der deutschen Nationalmannschaft im Jahr 2014 ist die Bekanntheit und Popularität des Fußballs weiter gestiegen. Die Spiele der Bundesliga können fast ausschließlich beim Pay-TV Sender Sky live gesehen werden. Allerdings hat der Zuschauer genügend Möglichkeiten, die Highlights der Spiele im Free-TV oder Internet nachzuschauen.

2.5.3 Zuschauer

Im Fußball gibt es verschiedene Arten von Zuschauern. Es wird unterschieden zwischen aktiven Zuschauern vor Ort und passiven Zuschauern, die den Fußball über die Medien konsumieren. Im Fußball bezeichnet man treue Zuschauer, die ihren Verein unterstützen als Fans. Der Fan unterscheidet sich vom Zuschauer, indem er emotional mit seinem Verein verbunden ist und mitfiebert. Daher lässt sich sagen, dass der Fan vereinsorientiert, der Zuschauer hingegen leistungsorientiert ist, und ein spannendes und attraktives Spiel bevorzugt. Der Fan beim Fußball verkörpert den miteifernden Zuschauer. Die Zuschauer stehen in einer wechselseitigen Abhängigkeit mit dem Sport, der Wirtschaft und den Medien. Ein Motiv ist die Emotionalität der Fans. Fußball hängt mit den Werten Spannung, Unterhaltung und Geselligkeit zusammen. Die Fans unterstützen miteinander ihren Verein. Der Verein ist auf eine treue Fanbasis angewiesen. Sie sorgen für ein stabiles Einkommen und steigern die Attraktivität des Klubs. Somit wird es für Sponsoren und Medienunternehmen attraktiv, eine Partnerschaft mit dem Klub einzugehen. Die Bindung mit den Fans ist somit ein überlebenswichtiger Faktor, vor allem die Loyalität der Fans ist für die Vereine eine Unterstützung in schwierigen Zeiten (vgl. Bauer/Exler/Sauer 2004, 1).

Nufer und Bühler verdeutlichen den Unterschied von Sportkonsumenten zu Konsumenten von „normalen“ Produkten durch die drei Eigenschaften: Leidenschaft, Treue und irrationales Konsumentenverhalten. Die Leidenschaft für ihren Lieblings-Klub ist eine Einstellung gegenüber einer Marke, die in anderen Branchen selten vorkommt. Das hohe Maß an Treue beschreibt, wie weit ein Fan für seinen Verein gehen würde. Diese Loyalität und Leidenschaft führen zu einem irrationalen Konsumentenverhalten. Ein Fußball-Fan würde nie zum gegnerischen Klub wechseln, weil dort die Eintrittskarten billiger sind (vgl. Nufer/Bühler 2013, 13). Der Zuschauer trägt durch Ausgaben für Fanartikel, Eintrittskarten, Pay-TV oder Beiträge für die Mitgliedschaft zum Umsatz der Vereine bei.

2.5.4 Wirtschaft

Die große Menge an verschiedenen Sponsoren bilden die Privatwirtschaft. Sie sind eine wichtige Einnahmequelle für die Vereine und Verbände. Das Sponsoring der Unternehmen ist ein wichtiger Teil des Wirtschaftsfaktors Fußball. Doch was macht den Fußball überhaupt so attraktiv? Keine Sportart zieht in Deutschland so viele Zuschauer an wie Fußball. Es besteht ein großes Bevölkerungsinteresse. Im Jahr 2010 fielen ca. 53% des Sportsponsorings auf den Fußball. Bei den Medienrechten waren es sogar 85%. Durch die internationale Vermarktung wird der Erlös durch die Medienrechte weiter ansteigen. Der Fußball hat eine sehr hohe Reichweite und ist daher für die Wirtschaft reizvoll. Unternehmen versuchen, mit Hilfe des Fußballs ihre Bekanntheit und Popularität zu steigern, sowie ihr Image zu verbessern (vgl. BMWi 2015, 8ff.)

3. Sportmarketing

Laut Freyer ist „Sportmarketing die Anwendung betriebswirtschaftlicher Methoden für verschiedene Organisationen des Sports. Es ist eine Führungskonzeption, die Sportinstitutionen vermehrt „vom Markt her" oder auf den „Markt ausgerichtet" leiten will. Es verlangt langfristiges und konzeptionelles Handeln" (Freyer 2011, 59).

Sportmarketing lässt sich unterschiedlichen Meinungen zufolge nicht als eigenständige Marketinglehre sehen. Nufer und Bühler unterscheiden das Sportmarketing in Form des allgemeinen Marketings und als eigenständige Disziplin. Beim Sportmarketing als Unterform des allgemeinen Marketings, werden Entscheidungen für Profit- und Non-Profit Organisationen getroffen. Beim Sportmarketing als neue und eigenständige Disziplin wird es als etwas Spezielles und Besonderes bezeichnet. Demnach ist es wichtig, die speziellen Anforderungen am Sportmarkt zu kennen. Der Sportmarkt differenziert sich in zwei unterschiedliche Märkte. Einerseits den Sportlermarkt für bewegungsaktiven Sportkonsum, andererseits in den Zuschauermarkt für passiven Sportkonsum (vgl. Nufer/Bühler 2013, 7f.).

Unternehmen, die den Sport wirtschaftlich unterstützen, bemängeln häufig fehlende Fähigkeiten der Sportvereine in Bezug auf Dienstleistungs- und Servicequalität. Die Vereine vermitteln den Sponsoren das Gefühl, nur an der finanziellen Unterstützung interessiert zu sein. Die Unternehmen wollen dabei ihre Kommunikationsziele vermitteln. Jedoch müssen die Vereine auf die Wünsche und Bedürfnisse ihrer Nachfrager eingehen. Dadurch können mehr Kunden gewonnen werden. Diese zunehmende Professionalisierung zeigt die Erläuterung von Riedmüller. Die professionellen Sportvereine müssen bei verschiedenen Aspekten umdenken. Die Verantwortlichen vermarkten ihre Vereine als Marke. Dadurch grenzen sie sich von anderen Vereinen ab. Zusätzlich ist die Marketing-struktur auf die Nachfrager ausgerichtet. Die standardisierten Marketinginstrumente bei traditionellen Sportanbietern entwickeln sich zu sportspezifischen Marketinginstrumenten bei professionellen Sportanbietern (vgl. Riedmüller 2013, 335).

Die sportlichen Leistungsfaktoren eines Sportvereins bestehen aus Spielern, Trainer, Verein und Stadion. Sie nehmen unmittelbar Einfluss auf den sportlichen Wettbewerb. Je erfolgreicher ein Klub sportlich ist, desto mehr Möglichkeiten ergeben sich auf wirtschaftlicher Seite. Um die wirtschaftlichen Leistungsfaktoren kümmert sich das Managementteam mit den Bereichen Finanzierung, Vermarktung und Angebotserweiterung. Die Spiele innerhalb einer Meisterschaft werden von den Spielern auf dem Platz und dem anleitenden Trainer entschieden. Allerdings wird diese sportliche

Leistung durch das Managementteam ermöglicht. Der sportliche Erfolg ist der wichtigste Faktor für den wirtschaftlichen Erfolg. Zudem beeinflusst die Effizienz des Klub-Managements den wirtschaftlichen Erfolg. Das umfasst qualifizierte Mitarbeiter, Vermarktungs-Know-how und stringente Organisationsstrukturen innerhalb des Vereins. Die geografische Lage eines Fußballvereins in einer wirtschaftlich starken Region beeinflusst den sportlichen und wirtschaftlichen Erfolg. Eine günstige Standortkonstellation ermöglicht den Vereinen eine größere Anzahl an Sponsoren und ein größeres Einzugsgebiet an Zuschauern, z.B. durch kurze Anfahrtswege (vgl. Riedmüller 2014, 74f.). Allerdings sind die Pluspunkte einer günstigen geografischen Lage nicht nur für einen Verein von Vorteil, daher muss man sich gegen die bestehende Konkurrenz durchsetzen.

„Sportmarketing ist die spezifische Anwendung der Marketing-Prinzipien und –Prozesse auf Sportprodukte und Sportdienstleistungen im Sinne der marktorientierten Unternehmensführung. Sportmarketing umfasst dabei sowohl die Vermarktung von Sportprodukten durch Sportorganisationen („Marketing von Sport“), als auch das Marketing von sportnahen und sportfernen Produkten und Dienstleistungen durch Unternehmen mittels der Verwendung des Sports („Marketing mit Sport“)“ (Nufer/Bühler 2013, 8).

Die Ökonomie des Sports ist eine vergleichsweise junge Disziplin. Im Sportmarketing wird allgemein zwischen Marketing im/von Sport und Marketing durch/im Sport unterschieden. Die folgende Abbildung zeigt die Unterschiede von Marketing von Sport und Marketing mit Sport. Dabei wird auf die unterschiedlichen Protagonisten eingegangen. Bei Marketing von Sport die Sportorganisationen und bei Marketing mit Sport die Unternehmen. Des Weiteren werden die Produkte unterschieden. Beim Marketing von Sport wird das Sportprodukt an sich vermarktet. Im Gegensatz zu der Vermarktung von sportfremden und sportverwandten Produkten beim Marketing mit Sport. Am Schluss lassen sich die unterschiedlichen Zielgruppen unterscheiden in Teilnehmer, Konsumenten, Zuschauer und Unternehmen. Diese Aspekte wurden von Nufer und Bühler im folgenden Sportmarketing Modell zusammenfassend dargestellt.

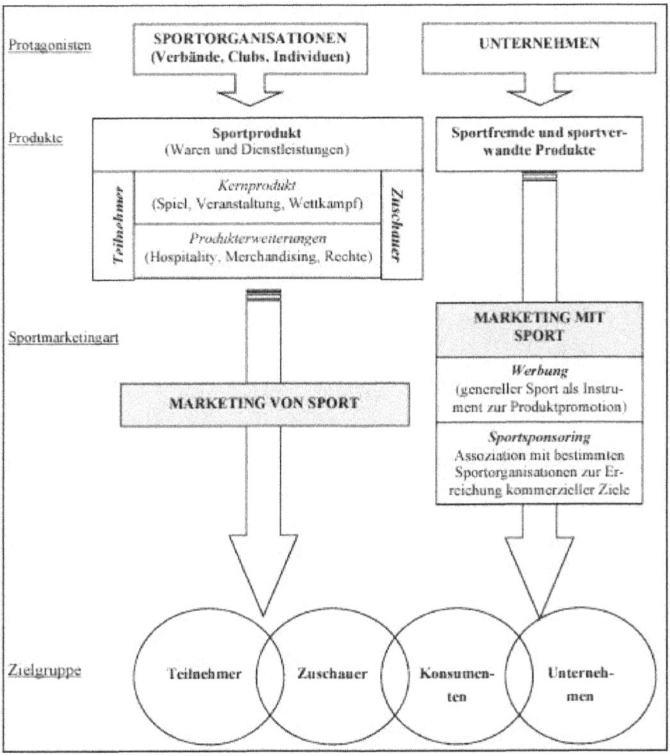

Abbildung 6: Sportmarketing-Modell (Nufer/Bühler 2013, 43)

3.1 Marketing im/von Sport

Das Marketing im Sport oder synonym Marketing von Sport ist „die Vermarktung von Sportprodukten durch Sportorganisationen und sportnahe Unternehmen“ (Nufer/Bühler 2013, 7).

Freyer beschreibt Marketing im Sport folgendermaßen: „Sportorganisationen und sportnahe Unternehmen vermarkten Sportprodukte an Sportler oder sportinteressierte Personen und Institutionen. Letztere stellen Sport-Konsumenten (aktive und passive Sportler) und Investoren dar (z.B. Staat, Sponsoren)“ (Freyer 2011, 54).

Beim Marketing im Sport werden die Marketingaktivitäten von Sportorganisationen und Unternehmen die Produkte für den Sport herstellen und vermarkten betrachtet. Die

Unternehmen haben sich hauptsächlich auf Sportprodukte spezialisiert (vgl. Freyer 2011, 54).

Der zunehmende Konkurrenzdruck entsteht durch den jeweiligen Wettbewerb in einem Ligensystem. Ein Sportclub muss sich gegenüber zahlreichen Konkurrenten durchsetzen. Zusätzlich muss er Zuschauer gegen andere Zuschauersportarten und gegenüber Freizeitmöglichkeiten für sich gewinnen. Aus diesen Gründen müssen Sportorganisationen ihre Sportart und sich selbst vermarkten. Wie bereits in Kapitel 2 beschrieben, vermarktet die DFL die Bundesliga. Sie positioniert die Liga gegenüber anderen Sportarten auf dem deutschen Markt. Dabei ist die Absicht, Zuschauer-, Sponsoren- und Mediengelder zu erwirtschaften. Die Marketingziele ergeben sich aus den Vorgaben. Die Ziele werden durch den Einsatz der Marketinginstrumente erreicht. Dabei streben die Sportvereine unterschiedliche Marketingziele an. Zum Beispiel beabsichtigt der FC Bayern München andere Ziele als der FSV Mainz 05, der eher kleinere sportliche Erwartungen anstrebt, wohingegen der FC Bayern versucht, die Marktführerschaft in der Bundesliga zu verteidigen. Darüber hinaus hat der FC Bayern weltweit das Ziel, verschiedene internationale Märkte zu erschließen (vgl. Nufer/Bühler 2013, 44ff.).

3.2 Marketing mit/durch Sport

Marketing mit Sport oder, synonym verwendet, Marketing durch Sport, ist „die instrumentelle Verwendung des Sports im Rahmen des Marketing von Unternehmen, die keine Sportleistungen herstellen“ (Nufer/Bühler 2013. 7).

Marketing mit Sport ist „die instrumentelle Verwendung des Sports im Rahmen des Marketing von Unternehmen und Organisationen, die keine Sportleistungen herstellen. Sport ist hierbei lediglich Hilfsmedium“ (Freyer 2011, 53).

Die beiden Zitate von Freyer und Nufer/Bühler sind sehr ähnlich. Beide besagen, dass Unternehmen, die keine Sportleistungen herstellen, den Sport als Hilfsmedium verwenden um sich selbst zu vermarkten. Freyer ergänzt zu den Unternehmen noch zusätzlich Organisationen, die den Sport als Marketinginstrument nutzen. Die Unternehmen nutzen Sportmarketing als Teil des Marketing-Mix. Im Bereich der Kommunikationspolitik werden Sportmotive, Sportler oder Sportgeräte als Werbemedium benutzt. Damit zielen die Unternehmen darauf ab, ihre unternehmerische Werbebotschaft zu übertragen. Daraus erhoffen die Unternehmen einen Imagetransfer. Es handelt sich dabei meistens um sportferne Unternehmen, die keine Sportprodukte herstellen. Die sportfernen Unternehmen nutzen das Medium Sport, um ihre Produkte an die Konsumenten zu vermarkten. Ein Beispiel ist die Firma Coca-Cola, die seit mehreren Jahren den Sport nutzt, um ihre Unternehmensbotschaften weltweit zu verbreiten (vgl. ebd). Sportsponsoring ist eine Erscheinungsform des Marketings mit Sport.

3.3 Sponsoring

„Sportsponsoring ist eine Form des sportlichen Engagements von Unternehmen, bei dem durch die vertraglich vereinbarte Unterstützung von Einzelsportlern, Sportmannschaften, Vereinen, Sportstätten, (sportübergreifenden) Verbänden, Organisationen oder Sportveranstaltungen Wirkungen im Hinblick auf die (interne und externe) Marketing- und Unternehmenskommunikation erzielt werden" (Bruhn 2010, 80).

Das Sportsponsoring nimmt im allgemeinen Sponsoring den größten Bereich ein. Der Sport ist die attraktivste Art des Sponsorings, da er die Bedürfnisse der Gesellschaft Spaß, Genuss und Unterhaltung befriedigt. Zudem ist der Sport ein gesellschaftlich relevantes Unterhaltungsfeld. Der Sport steht eng in Verbindung mit den Attributen jung, modern, sympathisch und dynamisch. Innerhalb des Sportsponsoring ist Fußball die beliebteste Sportart, was die folgende Abbildung beweist (vgl. Hermanns/Riedmüller 2012, 460).

Die Popularität macht den Fußball für die Wirtschaft bedeutungsvoll. Die Beträge für die Sponsorships werden immer größer.

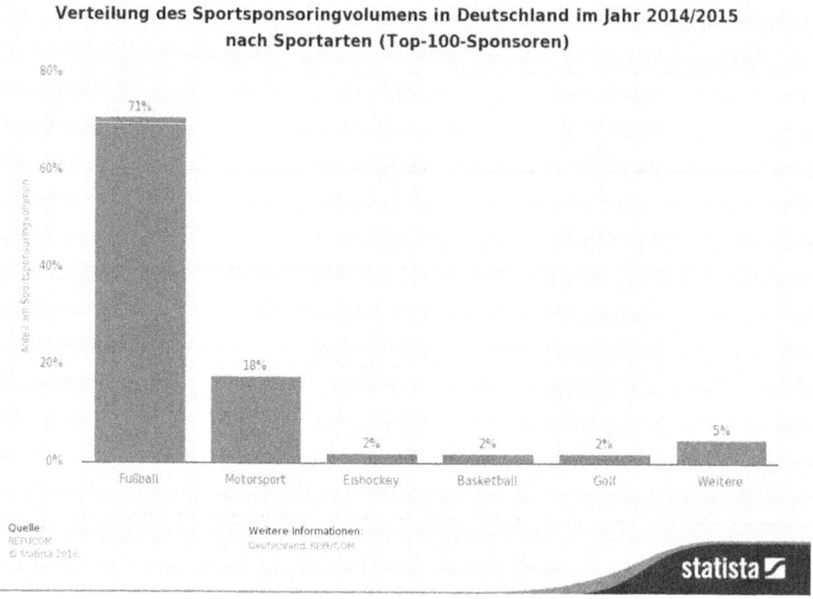

Abbildung 7: Sportsponsoring nach Sportarten in Deutschland (Repucom 2015).

Sportsponsoring ist aus der Sicht der Sponsoren ein Instrument zur Bekanntheitssteigerung und Imageverbesserung, sowie ein adäquates Mittel zur Kundengewinnung, zur Kundenbindung und zur Umsatzsteigerung. Für die Gesponserten ist das Sportsponsoring eine wichtige Einnahmequelle. Die Sportvereine müssen als Gesponserte darauf achten, dass die Unternehmen mit ihren Sponsorships klare Kommunikationsziele verfolgen. Sie sollten Sportsponsoring nicht nur als Einnahmequelle sehen, sondern als Möglichkeit der eigenen Markenpositionierung. Die Unternehmen und Vereine führen eine Geschäftsbeziehung, die meist über mehrere Jahre dauert. Vertrauen, Kommunikation und Kooperation sind wichtige Gesichtspunkte für eine erfolgreiche Zusammenarbeit (vgl. Bühler/Nufer 2013, 54f.).

Die breite Aufmerksamkeit des Sports erreicht eine hohe Anzahl der Zielgruppen. Dabei ist der Multiplikatoreneffekt der Medien ein wichtiger Punkt. Die vielfältigen Einsatzmöglichkeiten des Sponsorings ermöglichen eine genaue Ausrichtung der Kommunikation. Somit kann ein Unternehmen sich von Wettbewerbern differenzieren. Beim Sponsoring gibt es verschiedene Erscheinungsformen. Je nach Umfang des

Sponsoringengagements lassen sich folgende Arten der Sponsoringformen unterscheiden: Full-, Haupt- und Co-Sponsoring. Beim Full-Sponsoring hat der alleinige Sponsor im Unterschied zum Haupt und Co-Sponsoring, bei dem mehrere Sponsoren auftreten, alle Rechte zur kommunikativen Nutzung. Bei größeren Sportveranstaltungen wird meistens von Haupt- und Co-Sponsoren gesprochen. Die Hauptsponsoren erhalten exklusive Rechte, wie beispielsweise die Ausrüstung von Sportbekleidung. Die Hauptsponsoren werden häufig als „offizielle Sponsoren" bezeichnet. Ein Co-Sponsor investiert weniger Mittel. Daher erhält er weniger Nutzungsrechte als ein Hauptsponsor. Den Sponsoren stehen dabei unterschiedliche Maßnahmen zur Verfügung, um ihre Kommunikationsbotschaften zu vermitteln: Markierung von Gegenständen, Präsenz bei Sportveranstaltungen, Nutzung von Prädikaten, Benennung von Sponsoringobjekten und der Einsatz von Sportlerpersönlichkeiten. Die Art der Sponsorenleistung kann aus Geld, Sachmitteln oder einer Dienstleistung bestehen. Das Sponsoring kann in drei verschiedene Dimensionen eingeteilt werden: Sponsoring von Einzelsportlern, Mannschaften oder Veranstaltungen. Beim Sponsoring von Einzelsportlern achten die Unternehmen unter anderem auf die Bekanntheit und sportliche Leistung, sowie auf Sympathiewerte und Glaubwürdigkeit. Unternehmen nutzen gerne Sportler als Testimonials. Beispielsweise wirbt Nike mit Sportlern, um die Persönlichkeitsmerkmale auf ihr Unternehmen zu übertragen. Allerdings muss eine gewisse Glaubwürdigkeit und Branchenaffinität des Sportlers vorhanden sein. Beim Sponsoring von Sportmannschaften besteht die Möglichkeit eine Vielzahl von Kommunikationsmaßnahmen zu nutzen. Beim Fußball sind dies klassischer Weise die Trikot- und Bandenwerbung, Lautsprecherdurchsagen sowie Werbung in Programmheften, auf Eintrittskarten oder auf der digitalen Anzeigetafel. Das Sponsoring von Sportmannschaften hat teilweise sogar zur Umbenennung von Vereinsmannschaften geführt. Das tritt häufig im Basketball auf in Form von Namenssponsoring. Beispiele hierfür sind Alba Berlin oder EnBW Ludwigsburg. Das Sponsoring von Vereinsmannschaften stellt ein geringeres Risiko dar als das Sponsoring von Einzelsportlern, allerdings sind die finanziellen Einlagen meist höher und langfristig angelegt. Beim Sponsoring von Sportveranstaltungen nutzen Unternehmen eine Veranstaltung, um für sich zu werben. Andererseits sind viele internationale Wettbewerbe ohne Sponsorengelder nicht mehr finanzierbar. Das unterstreicht die Abhängigkeit von Sponsoren und Gesponserten. Darunter fallen beispielsweise Motorsportrennen, Golfturniere, Olympische Spiele oder Tennisturniere. Das Sponsoring von Veranstaltungen bringt nicht das Risiko mit sich, bei sportlichem Misserfolg von Einzelsportlern oder Mannschaften mit dem Unternehmen in Verbindung gebracht zu werden. Große Sportveranstaltungen wie die Fußball-WM oder die Olympischen Spiele besitzen einen hohen Bekanntheitsgrad. Dazu kommt ein hohes Publikumsinteresse, die

Faszination für ein Sportereignis sowie die bedeutende Medienwirkung (vgl. Bruhn 2010, 80ff.). Allerdings sind die Beträge für ein Sponsorship von Großveranstaltungen in der Regel relativ hoch.

3.3.1 Ziele

Bruhn unterscheidet zwischen ökonomischen und psychologischen Zielen. Mit Sportsponsoring können je nach Dauer verschiedene Ziele erreicht werden. Ökonomisch bedeutet die Steigerung des Gewinns oder Umsatz und Kostenreduzierung. Psychologische Ziele sind Kundenbindung und Kundenzufriedenheit, Kommunikationsziele sind Bekanntheitsgrad und Imageprofilierung. Ein kurzfristiges Sportsponsoring spricht eher die psychologischen Ziele zur Bekanntheitsgradsteigerung und zur Imageaktualisierung an. Ein langfristig ausgelegtes Sportsponsoring kann einem Unternehmen Wettbewerbsvorteile gegenüber den Konkurrenten schaffen. Dadurch steigt der Kundenwert und somit der Absatz (vgl. Bruhn 2010, 116ff).

3.3.2 Zielgruppen

Bei der Zielgruppenplanung achtet ein Sponsor auf das Interesse der relevanten Konsumenten sowie das aktive und passive Sportverhalten. Das heißt, er beobachtet, welche Sportarten die Konsumenten selbst betreiben und welche Sportveranstaltungen sie besuchen oder in den Medien verfolgen. Die Zielgruppen lassen sich aus Sicht des Sponsors sowie aus Sicht des Gesponserten unterscheiden. Für die Zielgruppen des Sponsors sind folgende drei Aspekte relevant: Interesse an Sportarten, aktives Sportverhalten und passives Sportverhalten. Somit werden die Konsumenten angesprochen, welche Interesse an der Sportart haben, zusätzlich die Konsumenten, welche den Sport aktiv betreiben, und schließlich die Zuschauer, welche die Sportveranstaltung besuchen oder in den Medien verfolgen. Die Zielgruppen des Gesponserten teilen sich in die drei Ebenen „aktive Teilnehmer“, „Besucher“ und „Mediennutzer“ auf. Die aktiven Teilnehmer sind alle Sporttreibenden, die Mitglieder von Sportvereinen sind. Die Besucher sind die Zuschauer vor Ort. Die Mediennutzer informieren sich über eine Sportart über verschiedene Medienkanäle (vgl. ebd.).

3.4 Markenmanagement

„Der Begriff Markenmanagement umfasst die Planung, Koordination und Kontrolle aller Unternehmensaktivitäten, die darauf abzielen, die Marke affektiv, kognitiv und konativ bei den jeweiligen Zielgruppen zu platzieren und sie gegenüber Konkurrenzmarken abzugrenzen" (Mazurkiewicz/Thieme 2013, 165).

Die Relevanz von Marken wird zunehmend steigen. Die Produkte und Dienstleistungen werden immer mehr angeglichen, daher ist es wichtig, sich durch Marken erfolgreich von Wettbewerbern zu differenzieren. Das deutsche Markengesetz (MarkenG) definiert eine Marke folgendermaßen:

„Als Marke können alle Zeichen, insbesondere Wörter einschließlich Personennamen, Abbildungen, Buchstaben, Zahlen, Hörzeichen, dreidimensionale Gestaltungen einschließlich der Form einer Ware oder ihrer Verpackung sowie sonstige Aufmachungen einschließlich Farben und Farbzusammenstellungen geschützt werden, die geeignet sind, Waren oder Dienstleistungen eines Unternehmens von denjenigen andere Unternehmen zu unterscheiden" (§ 3 Abs. 1 MarkenG).

Das Markenmanagement bildet sich aus Markenidentität und Markenimage. Der Anbieter versucht die eigene Identität zu definieren. Er schafft sozusagen ein Selbstbild der Marke. Damit positioniert er die Marke. Die Markenidentität besteht aus den sechs Komponenten: Markenherkunft, Markenkompetenzen, Markenleistung, Markenvision, Markenwerte, und Markenpersönlichkeit. Die Markenidentität ist die Basis, um Überlegungen im Zusammenhang mit der Botschaft der Marke aufzuzeigen. Auf der anderen Seite steht das Markenimage, welches die Wahrnehmung der Marke beschreibt, die bei den Konsumenten ausgelöst wird. Das heißt, wie ist das Vorstellungbild bei der Zielgruppe verankert. Ein wichtiger Faktor dabei ist die Markenbekanntheit. Die Konsumenten müssen sich an die Marke erinnern und sie auf Grund von optischen und akustischen Reizen erkennen. Der sich daraus ergebende Markenwert entsteht, wenn der Konsument sich mit der Marke identifizieren kann und sie für ihn vorteilhafte Assoziationen hervorruft (vgl. Ströbel 2012, 21ff.).

Das Markenmanagement sollte im Aufbau klar und deutlich, dabei allerdings speziell auf das Unternehmen angepasst sein. Allgemeine Begriffe wie Leidenschaft, Innovation, Glaubwürdigkeit oder Ehrlichkeit werden von fast allen Unternehmen verwendet und sind austauschbar. Es geht darum, sich zu differenzieren und von der Konkurrenz abzugrenzen. Die Mitarbeiter müssen für die Marke begeistert werden. Dabei sollten die individuellen Ziele der Mitarbeiter in den Hintergrund rücken, um die Markenziele des Unternehmens zu erreichen. Das heißt, das komplette Unternehmen lebt die Markenstrategie. Die Markenführung beginnt im Management. Das bedeutet, die oberste Managementebene muss die Marke vorleben und unterstützen. Dabei gibt es verschiedene Möglichkeiten, wie zum Beispiel das Markenlogo als Anstecknadel am Anzug oder eine einheitliche Kleiderordnung. Eine Marke steht für Wachstum. Sie dient dazu Spitzenleistungen wertvoll zu verkaufen. Dadurch werden die Erträge gesteigert und die Zukunft des Unternehmens gesichert. Doch um zu wissen, was die Attraktivität einer Marke ausmacht, muss man die Zielgruppen genauer analysieren. Warum sollten die Konsumenten sich für diese Marke entscheiden? Daraufhin lässt sich das Unternehmen positionieren und kommuniziert die Marke nach innen und außen. Die Markenführung ist ein langfristiger Prozess, dabei muss immer kontrolliert werden, ob die geltenden Faktoren noch zutreffend sind (vgl. Schmitt 2011, 8ff.).

3.5 Markenmanagement im Fußball:

„Die Vereine sehen sich als Marke an. Die Marke soll eine klare Abgrenzung zur Konkurrenz bewirken und andererseits die Kundenbindung der Zuschauer und Fans unterstützen“ (Riedmüller 2013, 334f.).

Das Markenmanagement fällt in den Bereich „Marketing von Sport“. Betrachtet man nun die Bedeutung von Marken im Sport, fällt auf, dass die Vereine als professionelle Wirtschaftsunternehmen agieren. Die Verantwortlichen der Vereine wollen mit der Schaffung einer Marke den wirtschaftlichen Erfolg vom sportlichen Erfolg loslösen und somit die Marke zur Stabilisierung des wirtschaftlichen Erfolgs nutzen. Die Positionierung der eigenen Marke gegenüber der Konkurrenz ist die Grundlage für ein erfolgreiches Markenmanagement. Allerdings herrscht im Sportbusiness keine einheitliche Markenklassifizierung. Bühler und Schunk behaupten, dass von einer Sportmarke gesprochen wird, wenn Sportvereine, Verbände oder Einzelsportler ein bestimmtes Vorstellungsbild in den Köpfen der Konsumenten erzeugen. Allerdings muss das Vorstellungsbild sich von anderen Sportorganisationen differenzieren, dadurch werden unterschiedliche Vorstellungsbilder erzeugt, d.h., es gibt mehrere Markentypen im Sport. Der Einfachheit halber wird nur der professionelle Profifußball im Zuschauermarkt betrachtet. Daraus ergeben sich folgende fünf Markentypen:

- Die Championsmarke beschreibt einen dominanten Klub, der eine polarisierende Wirkung ausstrahlt.
- Die Traditionsmarke zeichnet sich durch etliche sportliche Erfolge in der Vergangenheit aus.
- Die Kultmarke besitzt ein außergewöhnliches Alleinstellungsmerkmal.
- Die Retortenmarke wird durch einen Investor unterstützt und hat keine langjährige Tradition.
- Die lokale-regionale Marke hat hauptsächlich Fans aus der eigenen Region (vgl. Bühler/Scheuermann/Nufer 2013, 4ff.).

Die Fußballstudie aus dem Jahr 2015 verdeutlicht die Wichtigkeit des Markenmanagements im Fußball. Es wurden über 4.000 unterschiedliche Anhänger zu ihren jeweiligen Lieblingsklubs und zu den anderen Vereinen befragt. Dabei wurde gefragt, welche Vereine als „echte Marke" gesehen werden.
Der Aufbau und die Pflege einer starken Vereinsmarke können sich langfristig positiv für den Verein auszahlen. Motive dafür sind die Erhöhung der Fanloyalität gegenüber dem Verein und eine dadurch stabile Einnahmequelle durch Merchandising und Ticketing. Weitere Motive sind die Erweiterung der nationalen und internationalen Fanbasis und die größere Möglichkeit einer eigenständigen Vermarktung. Der Ausbau von Sponsorships durch die Verbindung von positiven Eigenschaften mit der Vereinsmarke spielt ebenfalls eine wichtige Rolle. In Deutschland ist es bisher wenigen Vereinen gelungen, sich eine starke Markenwahrnehmung zu erarbeiten (vgl. Woisetschläger/Backhaus/Dreisbach 2015, 4f.).

Gründe sind die bereits genannten Besonderheiten bei der Vermarktung des Sports: die assoziative Konkurrenz, die Ergebnisunsicherheit, die öffentliche Wahrnehmung, die Fokussierung auf den sportlichen Erfolg und das Verhalten der Konsumenten. Jedoch können die Fußballvereine gewisse Vorteile aus den Besonderheiten ziehen. Die Loyalität der Fans unterscheidet den Fußball von anderen Wirtschaftsbranchen. Dadurch kann eine Markenbindung aufgebaut werden (vgl. Bühler/Nufer 2016, 352f.).

Im internationalen Vergleich der wertvollsten Marken im Fußball 2015 taucht als einziger deutscher Verein nur der FC Bayern München unter den Top 10 auf. Mit einem Markenwert von 707 Millionen Euro belegt der FC Bayern damit den zweiten Platz hinter Manchester United. England hat mit sechs Mannschaften die meisten Vertreter unter den Top 10 (vgl. Brandirectory 2015a). Der Markenwert von Fußballvereinen ist im Vergleich zu internationalen Top-Unternehmen wie Apple relativ gering. Apple besitzt laut Millward Brown einen Markenwert von über 245 Milliarden Euro (vgl. Millward Brown 2015).

Der Markenwert der Vereine beschreibt allerdings nicht den Wert eines kompletten Vereins. Betrachtet man weitere wirtschaftliche Aspekte, beträgt der Gesamtwert der wertvollsten Klubs der Welt über 2 Milliarden Euro. Führend ist Real Madrid gefolgt von Manchester United und Barcelona. Der FC Bayern schafft es in diesem Ranking auf den vierten Platz. Die Klubs wurden dabei nach den Aspekten Profitabilität, Popularität, sportliches Potenzial, Fernsehrechte und Stadion-Eigentumsrechte bewertet. Der Gesamtwert der Fußballklubs beträgt über 26 Milliarden Euro (vgl. Sport 1 2016). Diese enormen Zahlen unterstreichen die wirtschaftliche Leistungsfähigkeit von Fußballvereinen.

3.5.1 Markenführung

Die Grundpfeiler der Markenführung sind Markenpositionierung, Markenidentität und Markenimage. Die Markenidentität ist das Selbstbild der Marke. Das Markenimage ist das Fremdbild einer Marke, das durch externe Zielgruppen entsteht. Die Markenmerkmale, die für die Konsumenten besonders wichtig sind, werden mittels der Markenpositionierung nach außen kommuniziert (vgl. Kiendl 2007, 54ff.).

Die Vereine im deutschen Profi-Fußball setzen die Vorteile einer professionellen Markenführung nur in geringem Maße ein. Die Marke kann genutzt werden, um gegenüber dem Wettbewerb einen wirtschaftlichen und sportlichen Vorteil zu erzielen. Die Markenführung nimmt für die Vereinsentwicklung, die Fanarbeit, das Sponsoring-Management und das Merchandising eine bedeutende Rolle ein. Für einen Fußballklub ist es wichtig, seine Marke zu entwickeln und weiterzuentwickeln. Darüber hinaus entscheidet die Führung der Marke über Erfolg und Misserfolg. Als Beispiel kann hier Borussia Dortmund (BVB) betrachtet werden. Die Marketingabteilung hat in Zusammenarbeit mit einer Markenführungsagentur den eigenen Verein analysiert. Sie leiteten die Kernkompetenzen des Klubs ab. Daraus bilden sich die Fähigkeiten und Eigenschaften, die den BVB auszeichnen. Bei der Analyse wurden schließlich die Eigenschaften „Intensität“, „Ambition“, „Echtheit“ und „Bindungskraft“ als Kernkompetenzen festgestellt. Der Verein entwickelt bei den Anhängern eine enorme Anziehungskraft. Daraus entstand der Markenclaim „Echte Liebe“. Das soll die Loyalität, Emotion und Bindungskraft der Fans zum Ausdruck bringen. Mit der Markenführung wurden folgende vier Säulen festgelegt: Ursprung eines starken Wir-Gefühls, Ursprung klarer Außenwirkung, Ursprung der Unternehmensführung und Ursprung maximaler Wertschöpfung. Das bedeutet, die Marke soll nach innen und außen ein klares Markenbild vermitteln. Die Markenführung spielt auch bei sportlichen Entscheidungen eine Rolle. Der BVB setzt ein großes Augenmerk auf seine Nachwuchsarbeit. Er fördert die Entwicklung junger Spieler und bindet sie in die Bundesligamannschaft ein. Das Beispiel Borussia Dortmund zeigt die positive Wirkung einer stringenten Markenführung und Markenpositionierung (vgl. Holzmüller/Cramer/Thom 2014, 68ff.).

Kainz spricht die Zusammenarbeit mit den Fanklubs als Erfolgsfaktor an. Die Mitglieder müssen sich mit dem Verein identifizieren. Zur Verbesserung der Markenstärke sind die Markenbekanntheit, Markenassoziationen und Markentreue entscheidend. Die Markenbekanntheit wird durch Medienberichte gefördert. Beim Markenaufbau sind die bereits genannten Besonderheiten der Sportkonsumenten zu beachten (Leidenschaft der Fans, Loyalität der Fans und irrationales Konsumentenverhalten). Dabei ermöglicht die Social Media Kommunikation eine gute Möglichkeit, mit den Konsumenten in Kontakt zu treten (vgl. Kainz/Haupt/Werner 2014, 307ff.).

3.5.2 Markenkommunikation

Kommunikation bedeutet vereinfacht einen Sender, der eine Botschaft über ein Medium an einen Empfänger sendet. Bei der Markenkommunikation wird die Marke als Teil des Prozesses betrachtet. Sie stellt eine Verbindung zwischen Unternehmen und Kunden her. Die Markenkommunikation beinhaltet die Konkretisierung der Inhalte, die an den Empfänger vermittelt werden sollen. Die Unternehmen verwenden dafür verschiedene Kommunikationsmaßnahmen, das heißt, alle Aktivitäten, um der Zielgruppe die Botschaft zu übermitteln. Ein Großteil der Kommunikationsmaßnahmen wird mit Hilfe von Wort-, Schrift-, Bild- und Tonzeichen durchgeführt. Des Weiteren wird zwischen einseitiger und zweiseitiger Kommunikation unterschieden. Einseitige Kommunikation zeichnet sich dadurch aus, dass die Zielgruppe keine Möglichkeit hat, auf die Botschaft zu antworten. Bei der zweiseitigen Kommunikation sind die Empfänger in der Lage, eine Interaktion mit dem Sender zu starten. Die zweiseitige Kommunikation kann nochmals unterteilt werden in persönliche und unpersönliche Kommunikation. Die persönliche Kommunikation beschreibt den zwischenmenschlichen Kontakt „Face-to-Face". Bei der unpersönlichen Kommunikation agieren die Teilnehmer räumlich und/oder zeitlich getrennt voneinander. Die einseitige Kommunikation ist kritisch gesehen keine Kommunikationsmaßnahme, da eine Kommunikation in diesem Zusammenhang ein Austausch zwischen Unternehmen und Zielgruppe ist (vgl. Drengner 2013, 56ff.).

Die Markenkommunikation dient der Vermittlung der Markenidentität nach außen und innen. Wichtig ist die Vermittlung eines einheitlichen, konsistenten, widerspruchsfreien und glaubwürdigen Erscheinungsbildes der Marke. Die Bekanntmachung der Marke ist dabei eine zentrale Aufgabe. Sie bildet die Grundlage, um ein Markenimage aufzustellen. Die Markenkommunikation wird letztendlich verwendet, um nach dem Aufbau von Markenbekanntheit und Markenimage die Marke in den Köpfen der Konsumenten zu verankern (vgl. Kiendl 2007, 100ff.).

Die Bundesliga Klubs präsentieren sich als Marken mit speziellen Slogans. Dabei fällt auf, dass alle Vereine der Bundesliga ihre Slogans in Deutsch verfasst haben. Viele Klubs gehen dabei auf Werte wie Einzigartigkeit, Regionalität oder Leidenschaft ein. Hier ein kleiner Auszug:

Fußballklub	**Slogan**
FC Bayern München	Mia san Mia.
Borussia Dortmund	Echte Liebe.
FC Augsburg	Eine Region – Ein Verein- Eine Leidenschaft.
FC Schalke 04	Wir leben dich.
SV Darmstadt 9	Wir Lilien. Aus Tradition anders.

Abbildung 8: Bundesligaklubs mit Slogans (Hahn 2015)

Hinsichtlich des Wandels von den klassischen Medien zu den sozialen Medien wie Facebook, Twitter, YouTube und Instagram erschließen sich für den Aufbau einer Marke neue Möglichkeiten. Viele Fußballvereine nutzen verschiedene soziale Medien, um ihre Markenbekanntheit und Markenbindung auszubauen. Das hat den Vorteil trotz der ohnehin geringen Marketingbudgets, eine große Wirkung zu erzielen. Die Social-Media-Plattformen ermöglichen eine große Reichweite. Es ist ein modernes und kostengünstiges

Massenmedium. Die sozialen Netzwerke gewinnen an Bedeutung. Laut einer Umfrage informiert sich knapp ein Fünftel der deutschen Fußballinteressierten bei Facebook über Fußball (vgl. Stelmaszyk 2013). Ebenso wird YouTube benutzt, um Fußballgeschehnisse im Nachhinein anzuschauen. Nicht nur die Vereine sind im Social-Media-Bereich aktiv. Eine hohe Anzahl an Profifußballern kommuniziert über verschiedene Kanäle mit ihren Fans. Die Fußballvereine müssen heutzutage das Markenmanagement auf die verschiedenen Kommunikationskanäle anpassen. Die Konsumenten sind zunehmend auf Social-Media Plattformen unterwegs. Den Fußballvereinen bietet Social Media die Möglichkeit, mit kleinem Marketingbudget eine große Wirkung zu erzielen (vgl. Bühler/Nufer 2016, 349ff.)

4. Internationalisierung

Internationalisierung beschreibt alle Aktivitäten eines Unternehmens, die auf den Auslandsmarkt ausgerichtet sind. Dabei wird ein Prozess beschrieben, bei dem ein Unternehmen versucht, sich international auf anderen Märkten zu behaupten. Bei der Internationalisierung werden die länderspezifischen Besonderheiten in Bezug auf Wirtschaft und Kultur berücksichtigt. Im Gegensatz dazu steht der Globalisierungsansatz, in dem alle Märkte und Länder gleichbehandelt werden (vgl. Wiesner 2004, 11).

Betrachtet man die Internationalisierung im Fußball, dann kann sie als geographische Ausweitung der Fußballvereine auf internationale Märkte gesehen werden (vgl. Overloop 2015, 25).

4.1 Bedeutung der Markenbekanntheit

Internationalisierung und Markenmanagement hängen eng zusammen. Mit der Internationalisierung soll die Marke des Vereins gestärkt werden. Dadurch entstehen zusätzliche Umsätze aus dem Merchandising und der medialen Vermarktung. Als Maßnahmen werden Spielertransfers, internationales Scouting und Fußballschulen im Ausland durchgeführt. Als Gründe für die Internationalisierung beschreibt Bridgewater die steigenden Kosten und den Refinanzierungsbedarf (z.B. Spielergehälter). Zudem spielt die internationale Wettbewerbsfähigkeit durch die bereits angesprochene unterschiedliche Verteilung der TV-Gelder in den europäischen Top-Ligen im Fußball eine große Rolle. Der Internationalisierungsprozess durchläuft eine rasche Entwicklung. Gründe dafür sind die Reichweiten der Olympischen Spiele und der Fußball-WM. Die weltweite Bekanntheit und Popularität löst bei den Nachfragern emotionale Verbindungen aus (vgl. Bridgewater 2007, 455ff.).

Die Marke bietet eine Möglichkeit für Fußballvereine, sich von anderen Vereinen zu differenzieren. Der Aufbau einer Markenbekanntheit bringt Wettbewerbsvorteile mit sich. Um auf den internationalen Märkten zu bestehen, ist der Aufbau einer Marke wichtig. Daraus entsteht wirtschaftlicher Erfolg. Wichtige Größen, die dazu beitragen, sind die Liga an sich, die Spieler und natürlich der Verein selbst. Die Fußballvereine aus Deutschland haben im Vergleich zu anderen europäischen Top-Klubs relativ spät den Fokus auf internationale Märkte gelegt. Verschiedene Vereine versuchen beispielsweise durch Verpflichtungen von Spielern aus dem Ausland, ihre Bekanntheit zu steigern. Dabei liegt der Fokus häufig nicht nur auf den sportlichen Qualitäten, sondern auch auf wirtschaftlichen Absichten. Beispielsweise konnte Bayer Leverkusen durch den Transfer von Javier Hernandez eine hohe Anzahl an Trikots absetzen. Durch die Popularität und Beliebtheit von Javier Hernandez erhofft sich Bayer Leverkusen seine Bekanntheit zu steigern. Der Transfer ist ebenfalls ein Zeichen für die Internationalisierung, die Bayer Leverkusen anstrebt.

4.2 Gründe und Ziele der Internationalisierung

Die erfolgreichen Klubs besitzen Wettbewerbsvorteile gegenüber den weniger erfolgreichen Vereinen. Folgende klubinterne Faktoren sind Voraussetzung für eine erfolgreiche Internationalisierung:

Klubinterne Faktoren	**Beschreibung**
Vorteile in der Ressourcenbeschaffung	Sichtung von Spielern, Gewinnung von Marktwissen, Finanzmitteln oder Kooperationspartnern
Vorteile im Ressourcentransfer	Integration neuer Spieler, Anpassung an Kundenbedürfnisse
Vorteile bei der Leistungserstellung	Anlagenausstattung und Betriebsprozesse
Vorteile aus den Leistungseigenschaften	Traditionen, Medienpräsenz und Unterhaltungsqualität
Vorteile aus der Leistungsvermarktung	Differenzierte Zielgruppenansprache, finanzstarke Sponsoren, Hospitality Kunden, Medienpartner, Merchandising-Sortiment, Stadionvermarktung und ausschöpfende Rechtevermarktung
Vorteile beim Zeitfaktor	Markteintritt vor Konkurrenten, schnellere Leistungserbringung
Vorteile aus Kooperationen	Gemeinsame Verwertung von Ressourcen, gemeinsame Geschäftsaktivitäten

Vorteile aus dem Eigentum	Ertragreiche Beteiligungen an anderen Unternehmen, exklusive Markenrechte, politisch-wirtschaftlicher Einfluss eines privaten Klubeigentümers
Vorteile aus dem Management	Wissen, Erfahrungen, sportliche und wirtschaftliche Kompetenz des Managements
Vorteile aus dem Inlandsmarkt und –branche	Anzahl und Kaufkraft der Fans vor Ort, sportliche Attraktivität der Liga und Nationalmannschaft, internationale Stars in der Liga, positives Landesimage
Vorteile aus dem Inlandsstandort	Lage, Einwohnerzahl, Bekanntheit und Bedeutung der Stadt

Abbildung 9: Klubinterne Faktoren zur Internationalisierung (Overloop 2015, 308f.)

Weitere Gründe, die für Wettbewerbsvorteile sorgen, sind der sportliche Erfolg, Spielerstars, das Stadion, Sponsoren, der Ruf und die Tradition, der geographische Standort, die Fanbasis und private Großinvestoren. Der sportliche Erfolg ist für Fans im Ausland wichtiger als für lokale Fans, da diese Erfolge öfters im Stadion erleben. Dabei geht es um aktuelle und vergangene Erfolge. Sportlicher Erfolg trägt dazu bei, dass Fans sich mit einem Verein identifizieren und loyale Anhänger werden. Spielerstars führen zu dem beschriebenen sportlichen Erfolg. Andererseits sorgen sie für Aufmerksamkeit bei ausländischen Fans, da die Spieler ihr Heimatland präsentieren. Dazu kommen noch Spieler, die mit herausragenden Leistungen Aufsehen erregen. Sehr erfolgreiche und populäre Spieler haben sich bereits zu einer eigenen Marke entwickelt. Vereine können diese Spielerstars nutzen, um ihre Bekanntheit zu steigern. Das Stadion kann für Fans im Ausland einen Symbolcharakter besitzen. Es präsentiert die Klubmarke und ruft verschiedene Markenassoziationen hervor. Bei einer Kombination mit einem Klubmuseum werden die Stadien zu internationalen Touristenattraktionen und erzeugen dadurch einen Mehrwert. Fußballstadien sind heutzutage multifunktionale Sportarenen mit einem vielfältigen Angebot. Dazu zählen u.a. Fan-Shops, Museen, VIP-Logen sowie verschiedene Verpflegungsmöglichkeiten. Sponsoren spielen durch ihre Bekanntheit eine entscheidende Rolle im Internationalisierungsprozess. Klubmarken können durch das

Markenimage eine größere Aufmerksamkeit und damit einhergehend Bekanntheit erlangen. Durch internationale Top-Unternehmen, wie z. B. die Kooperationen des FC Bayern mit Adidas, Audi und Allianz zeigen, können Sponsor und Verein gegenseitig von der Bekanntheit profitieren. Der Ruf und die Tradition eines Vereins können vom Klubmanagement positiv kommuniziert werden. Ebenso beeinflusst der geographische Standort oftmals den Markenwert bezüglich der bevorzugten Sportarten, die in einem Land herrschen. Beispielsweise ist Fußball in vielen Ländern nicht Sportart Nummer eins. Die Fans im Ausland können nicht oft das Stadion ihres Lieblingsvereins besuchen. Daher unterstützen sie ihren Verein durch den Kauf von Merchandise-Artikeln. Im Fall von Großinvestoren gibt es zweigeteilte Meinungen. Einerseits entstehen Vorteile in Form von zusätzlichen Ressourcen, die eine größere Einflussnahme ermöglichen. Allerdings besteht die Gefahr von fehlender Kontrolle (vgl. Overloop 2015, 308ff.). Die dargestellten Ergebnisse rechtfertigen die Aussage, dass die Internationalisierung nicht für jeden Fußballverein in Frage kommt. Die genannten Faktoren spielen beim Internationalisierungsprozess eine wichtige Rolle. Daher muss ein Verein genau analysieren, welche Erfolgspotentiale erfüllt werden und welche Ziele er mit seinen finanziellen Mitteln anstrebt.

Desbordes sieht den Ursprung der Internationalisierung im Profifußball bereits in den 1990er Jahren. Zu dieser Zeit stieg die Zahl, der im Ausland spielenden Fußballer an. Zudem steigen immer mehr globale Konzerne als Sponsoren in den Sport mit ein. Durch die drohende Marktsättigung ist eine Internationalisierung für erfolgreiche Fußballklubs unausweichlich. Desbordes nennt dafür drei Strategien:

- Veränderungen des Marketings
- Veränderungen der Produkteigenschaften
- Veränderung des Marktes (d.h. die Ausdehnung in neue Märkte, um dort neue Abnehmer zu finden)

Durch die Ausweitung der Geschäftsfelder in neue Länder erreichen die Klubs eine größere Aufmerksamkeit im Ausland. Dadurch wachsen die Umsätze aus Merchandising, Medienrechten und Sponsoring. Um das zu erreichen, sind folgende Maßnahmen erforderlich: Verpflichtung ausländischer Spieler, Aufbau internationaler Fan-Klubs, Verkaufsniederlassungen im Ausland, länderspezifische Produktinnovationen, internationale Medienangebote, Auslandstourneen mit begeleitenden Marketingevents. Darüber hinaus trägt die Teilnahme an internationalen Wettbewerben zu einer Steigerung des Bekanntheitsgrades bei (vgl. Desbordes 2007, 4ff.).

Die internationalen Fans können aufgrund der geographischen Distanz die Spiele ihrer Klubs nicht im Stadtion erleben. Daher sind eine besondere Klubidentität mit entsprechendem Image, Starspieler und eine lokale Präsenz durch Zugang zu Medieninhalten sehr wichtig. Zudem bilden Sport-Communities oder Merchandise-Artikel eine gute Möglichkeit, sich mit einem Verein zu identifizieren. Sporterfolge oder besondere Ereignisse unterstützen die Gewinnung und Bindung der Fans im Ausland (vgl. Overloop 2015, 142).

Laut einer Studie von Wolf ergeben sich für die Top-Klubs der fünf erfolgreichsten Ligen in Europa England, Spanien, Deutschland, Italien und Frankreich folgende Ziele:

(1) Schaffung zusätzlicher Einnahmequellen
(2) Erhöhung des Bekanntheitsgrades
(3) Gewinnung neuer Fans im Ausland
(4) Verbesserung des Images
(5) Bedienung vorhandener Fans im Ausland
(6) Ausnutzung von Skaleneffekten (im Merchandising)
(7) Interesse ausländischer Spieler wecken

Der sportliche Erfolg ist die wichtigste Voraussetzung. Dabei spielen die nationale und internationale Ebene eine Rolle. Die Internationalisierung der Fußballklubs wird durch die zeitlichen Auflagen in der einheimischen Liga leicht eingegrenzt (vgl. Wolf 2007, 215ff.).

Die UEFA (Union of European Football Associations) hat 2010 das Financial Fairplay eingeführt, welches dafür sorgen soll, dass europäische Fußballklubs auf ihre finanziellen Ausgaben achten. Dabei schreibt die UEFA vor, dass Vereine nicht mehr ausgegeben dürfen, als sie einnehmen. Vereine, die die Auflagen nicht erfüllen können, müssen mit bestimmten Maßnahmen rechnen. Der Strafenkatalog kann von Ermahnung bis zum Widerruf von Titeln und Auszeichnungen gehen und unterstreicht die Wichtigkeit. Das Financial Fairplay soll die Vereine ermutigen, auf langfristigen Erfolg hinzuarbeiten (vgl. UEFA 2014).

4.3 Triebkräfte für die Internationalisierung der deutschen Fußballvereine

In der Bundesliga gibt es erfolgreiche und weniger erfolgreiche Vereine bezüglich der Internationalisierung. Es steht die Frage im Raum, durch welche Strukturen und

Strategien sich erfolgreiche Vereine von weniger erfolgreichen Vereinen im puncto Internationalisierung unterscheiden.

Der ausschlaggebende Impuls zur Internationalisierung der deutschen Fußballvereine besteht aus verschiedenen Faktoren. Aufgrund der bereits analysierten Besonderheiten des Sportmarkts herrschen einige außergewöhnliche Merkmale, die den Sport besonders machen. Betrachtet man die Bundesliga, so fällt auf, dass es kaum noch eingetragene Vereine (e.V.) gibt. Die einzigen Vereine, die in der Bundesligasaison 2016/2017 ihre Profimannschaft nicht ausgegeliedert haben, sind Mainz 05, Schalke 04, Darmstadt 98 und SC Freiburg. Die traditionellen Vereine, bis auf Schalke 04, sind international kaum wettbewerbsfähig. Die meisten Bundesligisten sind in unterschiedliche Organisationsstrukturen ausgegliedert. Dabei bildeten sich Kapitalgesellschaften wie GmbH & Co KGaA, GmbH und AG. Die Vereine handeln wie große Wirtschaftsunternehmen. Nur die „50+1-Regel" verhindert, dass Vereine von Investoren übernommen werden (siehe Kapitel 2.1 Strukturdaten). Die verschiedenen Kapitalgesellschaften ermöglichen den Vereinen unterschiedliche Vorteile. Durch den Verkauf von Anteilen und Aktien können die Kapitalgesellschaften viel Geld gewinnen. Bei einer Ausgliederung der Profiabteilung haftet nicht der Stammverein. Somit kann sich ein Fußballverein absichern (vgl. Kreuzer 2015). Viele traditionsbewusste Fans sind gegen eine Ausgliederung. Doch um wettbewerbsfähig zu bleiben ist, es für die Vereine wichtig, ihr traditionelles Image zu pflegen. Die finanzielle Unterstützung durch Investoren ist eine gute Möglichkeit, um die wirtschaftliche Lage zu verbessern.

Einen Nachteil gegenüber anderen europäischen Ligen hat die Bundesliga in der Auslandsvermarktung. Vereine wie beispielsweise Manchester United vermarkten sich schon seit den neunziger Jahren im Ausland. Deutsche Vereine wie Bayern oder Dortmund vermarkten sich erst seit einigen Jahren im Ausland. Es braucht Zeit, diesen Vorsprung aufzuholen. Zudem kommt die große Anzahl an Top-Stars, die in der Premier League spielen und sie somit für die Auslandsvermarktung attraktiver machen. Daher sollten Vereine aus der Bundesliga, je nach finanziellen Mitteln, mehr internationale Topspieler verpflichten, um von der Internationalisierung einen Nutzen zu tragen und der Attraktivität der Bundesliga etwas beizutragen.

Die Bundesligavereine pflegen ihre Internationalisierungstrategien meistens in der Sommer- oder Wintervorbereitung. Die Trainingslager zur Saisonvorbereitung sind häufig Marketingreisen, auf denen ein Klub sich im Ausland präsentiert, um das Image zu verbessern. Um die Internationalisierung in der Bundesliga weiter voranzutreiben, fördert die DFL Werbetouren der Vereine im Ausland. Die Klubs erhalten bis zu 300.000 Euro, wenn sie in den Kernmärkten ihre Trainingslager absolvieren oder vor Ort Testspiele gegen dort ansässige Klubs bestreiten. Zielmärkte sind vor allem China, Russland und die USA. Bis 2004 gab es in der Bundesliga keine Auslandsumsätze, daher ist der Rückstand hinsichtlich der Auslandvermarktung auf England so hoch (vgl. faz 2014).

Die drei Länder mit den meisten aktiven Fußballern sind China, USA und Indien. Allerdings hat Fußball in diesen Ländern keine langjährige Tradition. Neue Wachstumsmärkte zeichnen sich durch eine globale Vernetzung aus. Im professionellen Fußball können die neuen Wachstumsmärkte in den drei Kategorien: Länder, Technologie und Gesellschaft unterschieden werden. Die Globalisierung führt zur Entstehung neuer Marktpotenziale. Die Akteure des Fußballs können diese Marktpotenziale für sich nutzen. Der bereits angesprochene Aufbau der europäischen Top-Ligen (siehe Kapitel 2.2) ist in weiten Teilen Asiens und Afrika nicht vorzufinden. Im europäischen Fußball dominieren die Ligen aus England, Italien, Spanien, Frankreich und Deutschland. Sie besitzen einen klaren Wettbewerbsvorteil im globalen Wettbewerb. Die professionelle Strukturen der erfolgreichen Ligen werden genutzt um sich außerhalb Europas als Marke zu etablieren (vgl. Hwwi 2008).

4.4 Zielgruppenanalyse

Nach der genauen Definition der Zielgruppen und der Zielgruppenbeschreibung folgt die Zielgruppenanalyse. Dabei sollte man auf folgende Fragen achten (vgl. Pfund 2012):

- Welche Inhalte erwartet die Zielgruppe?
- Welche Sprache bzw. Ansprache erwartet die Zielgruppe?
- Über was für Kompetenzen im Umgang mit Webseiten verfügt die Zielgruppe?
- Welche technische Ausrüstung ist bei der Zielgruppe vorhanden?

Die Vereine müssen ihre Kommunikationsmaßnahmen auf die Zielgruppen anpassen, beispielsweise indem sie ihre Homepage in mehreren Sprachen anbieten. Der Fußball erlebt in China einen mächtigen Aufschwung. Chinesische Vereine kaufen Spieler für mehrere Millionen Euro. Mehr als 300 Millionen Euro zahlten die chinesischen Erstligaklubs 2016 für Winterneuzugänge. Damit lassen sie europäische Top-Ligen wie Spanien, Frankreich, Italien und Deutschland hinter sich (vgl. Transfermarkt 2016). Doch der Aufschwung ist kein Zufall. Der chinesische Präsident ist an Fußball interessiert. China will durch den Fußball die wirtschaftliche Leistungsfähigkeit wieder ankurbeln.

Allerdings ist damit die Attraktivität der chinesischen Liga nicht sehr gestiegen. Die einheimischen Fans verfolgen lieber die Fußballligen im Ausland. Doch das Potenzial ist enorm und die Konkurrenz für die europäischen Vereine steigt. Die Gehälter und Ablösen werden in die Höhe getrieben. Zusätzlich steigen die chinesischen Konzerne mit in Europas Top Ligen ein. Beispielsweise besitzt die Wanda-Gruppe 20% der Anteile an Atletico Madrid. Damit erhoffen sich die Konzerne eine feste Beziehung zur Regierung in ihrem Land. Die ausländischen Ligen sind jedoch immer noch beliebter als die eigene. Daher profitieren Klubs aus dem Ausland von dem Wachstumsmarkt in China. Sie haben die meisten Fußballfans weltweit (vgl. Cöln 2016).

Strategische Instrumente sind Trainingslager und Vorbereitungsspiele in den jeweiligen Ländern, der Verkauf von Fernsehrechten an ausländische Anbieter, dort ansässige Sponsoren und Spieler aus den Ländern der Kernmärkte. Allerdings ist diese überregionale Vermarktung nur für weltweit bekannte Vereine ein Mittel. Viele Vereine sind durch die Identifikation der Fans mit der Heimatstadt regional gebunden. Allerdings gibt es Fälle, in denen Sponsor und Verein gemeinsame Interessen verfolgen. Dabei lautet das Ziel, neue Kundengruppen zu erschließen und bestehende Kundenbindungen zu festigen (vgl. HWWi 2008).

Die Vereine schauten nach Potenzialen in den jeweiligen Ländern. Dabei wird darauf geachtet, in welchen Ländern viele Menschen, besonders Jugendliche, Fußball spielen oder an Fußball interessiert sind. Die Vereine bezwecken mit der Internationalisierung die Gewinnung von Fans und Sponsoren. Durch den Transfer von ausländischen Spielern versuchen Vereine ihre Bekanntheit in den jeweiligen Ländern zu steigern. Ein weiterer Punkt sind die internationalen Toptrainer. Beispielsweise hat der FC Bayern mit Pep Guardiola einen erfolgreichen Trainer eingestellt, der 2016 von Carlo Ancelotti abgelöst wird. Beide Trainer waren bereits in anderen Top-Ligen Europas erfolgreich. Gelingt es den Unternehmen, die Zielgruppen zu begeistern, so bietet sich daraus die Möglichkeit, die eigene Marke erfolgreich bei den Konsumenten zu verankern.

5. Praxisbeispiel FC Bayern München

Der FC Bayern München ist ein Fußballverein aus Deutschland. Gegründet wurde der Verein im Jahr 1900. Mit mehr als 270.000 Mitgliedern ist der FC Bayern weltweit der größte Sportverein. Mit einem Umsatz von über 500 Millionen Euro belegt der FC Bayern einen Spitzenplatz der umsatzstärksten Vereine weltweit (vgl. tz 2015).

Das oberste Ziel der Internationalisierungsstrategie des FC Bayern München ist es, den sportlichen Erfolg zu maximieren. Dadurch erhofft man sich eine finanzielle Stabilität. Ein weiteres Ziel ist der Ausbau an zufriedenen Anhängern in Form von Fans und Mitgliedern. Als langfristiges Ziel wird die Pflege des Images im Ausland angegeben. Dadurch lassen sich im Ausland höhere Einnahmen erzielen. Als geografische Schwerpunkte legte der FC Bayern Asien und die USA fest. Das wichtigste Auswahlkriterium war eine hohe Fußballaffinität. Hier eine Auswahl an Maßnahmen, die bisher umgesetzt wurden:

- Umfangreiche Angebote für die Homepage des FCB (u.a. englisch, spanisch, japanisch, chinesisch)
- Diverse Lizenzvergaben z.B. mit asiatischen Printmedien und TV-Sendern
- Langfristige Kooperationen mit Klubs im Ausland zur Unterstützung des Markteintritts, zum Aufbau eines Scouting-Systems und für den Austausch von Marketing – und Merchandisingwissen
- Gründung einer Tochtergesellschaft mit Niederlassung in New York (Overloop 2015, 166ff.)

Einen Teil der Saisonvorbereitung plant der FC Bayern München 2016 in der USA. Dabei bestreitet er Testspiele gegen europäische Spitzenvereine wie AC Mailand und Real Madrid. Dadurch erhofft Jörg Wacker, Vorstand für Internationalisierung und Strategie, die Marke FC Bayern noch weiter auszubauen und neue Fußballbegeisterte Fans zu gewinnen. Ein weiterer Schritt ist die Zusammenarbeit mit lokalen Partnern, z.B. mit Wangkanai in Thailand, um die globale Marke noch weiter zu entwickeln (vgl. FC Bayern 2016a).

Der FC Bayern hat China als wichtigsten Markt bezeichnet. Das enorme Potenzial entsteht durch die junge und fußballinteressierte Bevölkerung. Viele englische Vereine haben bereits Partner aus Asien. Die Bevölkerung in China ist bereits an mobile Online-

Inhalte gewöhnt. Daher hat der FC Bayern auf seiner Homepage auch chinesische Texte. Zusätzlich fuhren die Münchner im Sommer 2015 auf große Chinareise. Der Partner des FC Bayern, die Firma Audi, präsentierte die Tour. Während der Reise absolvierten die Bayern Spiele gegen internationale Topklubs wie Valencia und Inter Mailand. Im Jahr 2014 und 2016 war der FC Bayern in den USA unterwegs. Damit präsentiert sich der FC Bayern direkt vor Ort in den Kernmärkten USA und China (vgl. Schürmann 2015).

Betrachtet man den FC Bayern in der Bundesliga, so gilt er als erfolgreichster Verein aller Zeiten. Das unterstreicht die nachfolgende Statistik (Abb. 5) über die wertvollsten Marken im deutschen Fußball aus dem Jahr 2015. Laut dieser Statistik ist der Markenwert des FC Bayern fast drei Mal so hoch, wie der Wert des zweitplatzierten Borussia Dortmund. Das unterstreicht die Dominanz des FC Bayern München gegenüber den anderen Bundesligavereinen.

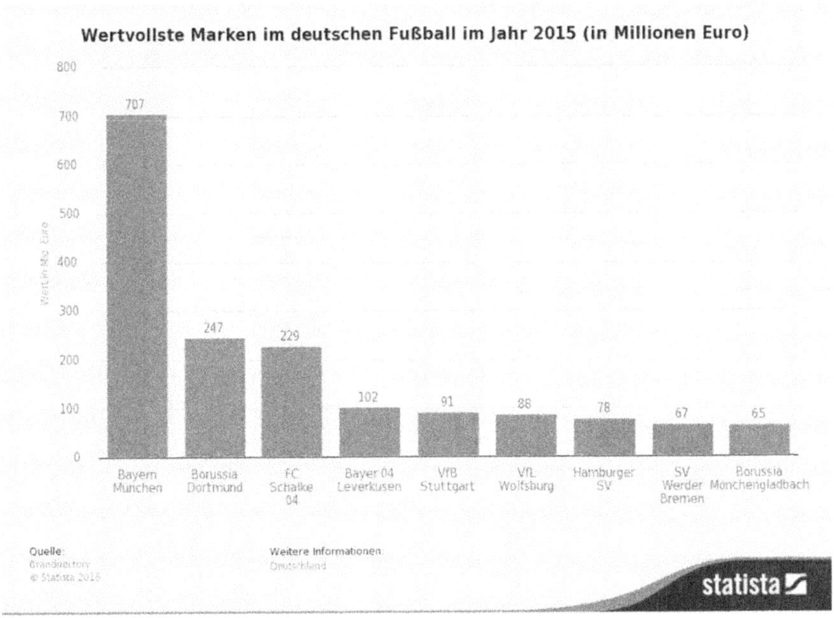

Abbildung 10: Wertvollste Marken im dt. Fußball im Jahr 2015 (Brandirectory 2015 b)

Der FC Bayern ist auf verschiedenen sozialen Plattformen vertreten. Facebook, Instagram, und Twitter sind nur einige Beispiele von sozialen Netzwerken. Das Social-Media-Team kümmert sich täglich um mehr als 28 offizielle Accounts auf 15 unterschiedlichen Plattformen. Mehr als 52 Millionen Menschen weltweit folgen dem FC Bayern München (Stand 2015). Social Media wächst immer mehr. Plattformen wie Facebook und Instagram sind attraktive Möglichkeiten, weltweit eine große Anzahl an Menschen zu erreichen. Verschiedene Verknüpfungen zwischen den Portalen erhöhen die Reichweite. Allein auf Facebook hat der FC Bayern München über 37 Millionen Follower (Stand Mai 2016). Hier gilt es zu betonen, dass angesichts der großen Anzahl an aktiven Facebook Nutzern nicht alle regelmäßig online sind. Daher bleibt die Frage, wie effizient und effektiv über Social Media kommuniziert wird (vgl. FC Bayern 2016b).

Der FC Bayern hat durch sein Markenmanagement mit dem Slogan „Mia san mia" eine Unternehmenskultur geschaffen. Der Leitsatz demonstriert einerseits das Selbstbewusstsein und zum anderen die Verbundenheit mit der Heimat. Diese Markenpersönlichkeit steht für eine Tradition, mit der sich viele eingefleischte Bayernfans verbunden fühlen. Die Sponsoren nutzen den Slogan für eine erfolgreiche Markenkommunikation. Wichtig ist bei der Sponsorenwahl die Wertigkeit und Kultur der Sponsorenmarke. Mit Audi, Adidas und Allianz besitzen drei große Sponsoren jeweils 8,33% am Verein.

6. Schlussbetrachtungen

6.1 Zusammenfassung

Als Zwischenfazit zu Kapitel 2 lässt sich feststellen, dass der Sportmarkt die vier Besonderheiten assoziative Konkurrenz, Fokus auf den sportlichen Erfolg, wirtschaftliche Ziele und eine zunehmende öffentliche Wahrnehmung aufweist. Der sportliche Erfolg ist eine Voraussetzung, um die wirtschaftlichen Ziele zu erreichen. Diese Besonderheiten lassen auf eine voranschreitende Kommerzialisierung schließen. Die nationale und internationale Wettbewerbsfähigkeit werden durch verschiedene Faktoren wie der Aufbau der jeweiligen Ligen, die „50+1-Regel" in Deutschland und die unterschiedlichen Verteilungen der TV-Einnahmen der deutschen Fußballvereine beeinflusst. Die Bedeutung der TV-Gelder unterstreicht die Feststellung, dass die Erträge der medialen Verwertung den größten Anteil am Gesamtumsatz der Bundesliga generieren. Die wechselseitigen Interdependenzen der Akteure des Fußballs hängen eng zusammen. Die Medienberichterstattung (öffentliche Wahrnehmung) und die wirtschaftliche Funktion des Sports nehmen eine zentrale Rolle ein, wohingegen die Verbände und Zuschauer eher die Rahmenbedingungen bereitstellen.

Im dritten Kapitel wird der Sportmarkt weiter in den Sportlermarkt für bewegungsaktiven Sportkonsum und in den Zuschauermarkt für passiven Sportkonsum differenziert. Dabei wird klar, dass verschieden Leistungsfaktoren Einfluss auf den sportlichen Wettbewerb nehmen. Ein Sportverein besteht aus Spielern, Trainer, dem Verein selbst und dem Stadion. Wie bereits in Kapitel 2 dargestellt ergeben sich auf wirtschaftlicher Seite mehr Aussichten, je sportlich erfolgreicher ein Klub ist. Die Vereine müssen sich gegenüber dem Konkurrenzdruck behaupten und durchsetzen. In der öffentlichen Wahrnehmung besitzt der Fußball einen hohen Stellenwert. Das durch den Sport entstandene Unterhaltungsfeld stellt die Bedürfnisse der Zuschauer zufrieden. Das Sponsoring bietet für die Unternehmen eine Möglichkeit, die Popularität des Fußballs lukrativ zu nutzen. Die daraus entstehenden Ziele können in ökonomische und psychologische Ziele unterteilt werden. An zunehmender Bedeutung gewinnt die Wirkung von starken Marken. Aus der Markenidentität, dem Selbstbild der Marke, und dem Markenimage, die Wahrnehmung der Marke entsteht ein Bild in den Köpfen der Konsumenten. Die öffentliche Wahrnehmung der Zielgruppe ruft bei den Konsumenten verschiedene Assoziationen hervor. Im Fußball schafft eine starke Marke einen Mehrwert gegenüber der Konkurrenz. Allerdings müssen bei einer Markenführung, die Sponsoren und Fans miteinbezogen werden. Denn nur eine professionelle Markenführung und Markenpositionierung kann eine positive Wirkung erzielen. Durch eine gezielte Markenkommunikation schaffen es die Vereine, sich in der öffentlichen Wahrnehmung gezielt von den Konkurrenten zu differenzieren.

Im vierten Kapitel spielt die Markenbekanntheit eine entscheidende Rolle. Eine hohe Markenbekanntheit bringt Wettbewerbsvorteile. Daraus entsteht wiederum wirtschaftlicher Erfolg. Gründe für die Internationalisierung sind die steigenden Kosten und der hohe Refinanzierungsbedarf durch ansteigende Spielergehälter oder den internationalen Konkurrenzkampf. Eine internationale Bekanntheit zu erlangen, setzt sportliche Erfolge voraus. Die Fans im Ausland identifizieren sich mit den Vereinen durch sportliche Erfolge. Zusätzlich tragen die Transfers von ausländischen Spielern und Trainern zu einer größeren Bekanntheit im Ausland bei. Die Vereine streben mit einer Internationalisierung folgende Ziele an: die Erschließung zusätzlicher Einnahmequellen, die Verbesserung des Images oder die Gewinnung neuer Fans im Ausland. Ein möglicher Schritt, den viele Bundesligavereine bereits gegangen sind, ist die Umwandlung des Vereins in eine Kapitalgesellschaft. Dabei agieren die Klubs wie große Wirtschaftsunternehmen. Damit einhergehend ergeben sich neue Möglichkeiten, die wirtschaftliche Lage mit Hilfe von finanziellen Mitteln zu verbessern. Einer der wichtigsten Punkte bei einer erfolgreichen Internationalisierungsstrategie ist die Auslandsvermarktung. Die Vereine haben das Ziel ihre Bekanntheit im Ausland zu steigern. Dabei müssen sie ihre Kernmärkte analysieren und die Zielgruppen präzise ansprechen. Eine große Rolle spielt dabei der Wachstumsmarkt Chinas. Die daraus entstehenden Potenziale; durch die meisten Fußballfans weltweit sind enorm, um die Ziele der Internationalisierung zu erreichen. Erstens die Gewinnung von Fans und zweitens die Gewinnung von neuen Sponsoren und Partnern.

6.2 Beantwortung der Forschungsfrage

Ziel der wissenschaftlichen Arbeit ist es, die Optionen und Potenziale der Internationalisierung zu erforschen. Im Fokus der Überlegungen stehen das Sportmarketing und das Markenmanagement. Der Autor kommt anhand der Ergebnisse und Resultate zur Erkenntnis, dass Fußballvereine sich mit einer professionellen Markenentwicklung und –führung auseinandersetzen müssen. Eine klare Markenkonzeption kann positive Effekte für die strategische Vereinsentwicklung erzielen. Die dargestellten Ergebnisse rechtfertigen die Aussage, dass bei der Erschließung von Ertragsquellen die Internationalisierung unter Berücksichtigung verschiedener Faktoren wie z.B. die Sponsorenakquisition und die Medienarbeit eine große Rolle spielt. Die Internationalisierung im deutschen Fußballsport hat verschiedene Auswirkungen auf die Bundesligavereine. Es wurde belegt, dass das Markenmanagement die Internationalisierung beeinflusst. Eine Marke kann als Stabilisierung des wirtschaftlichen Erfolgs genutzt werden. Um international konkurrenzfähig zu sein, muss die Marke eine klare Abgrenzung und Alleinstellung gegenüber der Konkurrenz besitzen. Daraufhin kann eine Marke interkulturell funktionieren. Die Zielgruppen bilden sich aus Sponsoren, Partnern und Fans. Durch sportliche Erfolge wächst die Bekanntheit und die Vereine haben die Aufgabe ein klares Markenbild zu schaffen. Dadurch können die relevanten Zielgruppen in den Kernmärkten angesprochen werden.

6.3 Erfolgsfaktoren und Handlungsempfehlungen

Ein erfolgreiches Management zeichnet sich unter anderem dadurch aus, dass auf Basis strukturierter Planung und unter Verwendung systematischer Prozesse strategische Ziele angestrebt und umgesetzt werden. Zu strukturierter Planung zählen Kooperationen mit Klubs und Sponsoren aus dem Ausland. Diese werden durch eine enge Zusammenarbeit mit Ländern wie China erreicht, die sich durch großes Potenzial auszeichnen. Strategische Ziele sind die Steigerung der eigenen Bekanntheit und die Erzielung höherer Einnahmen im Ausland.

Erfolgsfaktoren	Handlungsempfehlungen
Auflösung der Bedingung, dass sportlicher Erfolg Voraussetzung für wirtschaftlichen Erfolg ist.	Durch Schaffung einer Marke den wirtschaftlichen Erfolg vom sportlichen loslösen.
Gewinn von Sponsoren und Investoren, ohne Verlust der Tradition	50+1 Regel auflockern
sportliche Ausgeglichenheit der Liga und Erhöhung der internationalen Wettbewerbsfähigkeit	Gesunde Balance zwischen zentraler und dezentraler Vermarktung
Bessere Vermarktungschancen	Vorteile von starken Marken nutzen → öffentliche Wahrnehmung
Öffentliche Wahrnehmung im Ausland steigt	Verbesserte Auslandsvermarktung durch zusätzliche Aktivitäten auch während der Saison. Kooperationen mit Clubs und Sponsoren im Ausland, Transfers von ausländischen Spielern, Gewinnung von Fans und Sponsoren.
Bedarfsorientierte Zielgruppenkommunikation	Durchführung einer Zielgruppenanalyse, -kategorisierung und Bedarfserhebung. Entwicklung einer differenzierten Kommunikation je Zielgruppe.

Abbildung 11: Erfolgsfaktoren und Handlungsempfehlungen (eigene Darstellung).

Literaturverzeichnis

Bauer, H. H./Exler, S./Sauer, N. E. (2004): Der Beitrag des Markenimage zur Fanloyalität. Eine empirische Untersuchung am Beispiel der Klubmarken der Fußball-Bundesliga. Mannheim.

BMWi (2015): Wirtschaftsfaktor Fußball. Aktuelle Daten zur Sportwirtschaft. https://www.bmwi.de/BMWi/Redaktion/PDF/Publikationen/wirtschaftsfaktor-fussball,property=pdf,bereich=bmwi2012,sprache=de,rwb=true.pdf (25.5.2016).

Bölz, Marcus (2013): Fußballjournalismus. Eine medienethnographische Analyse redaktioneller Arbeitsprozesse. Wiesbaden.

Brandirectory (2015a): The Brand Finance Football 50 2015. The world's most valuable football brands. http://brandirectory.com/league_tables/table/top-50-football-club-brands-2015 (10. Mai 2016).

Brandirectory (2015b): Wertvollste Marken im deutschen Fußball im Jahr 2015 (in Millionen Euro). http://de.statista.com/statistik/daten/studie/511020/umfrage/die-wertvollsten-marken-im-fussball-deutschland/ (22. April 2016).

Bridgewater, S. (2007): International Sport Marketing and Globalisation. In: Beech, J.; Chadwick, S. (Hrsg.): The Marketing of Sport. Harlow/UK, 446-464.

Bruhn, Manfred (2010): Sponsoring. Systematische Planung und integrativer Einsatz. 5.Aufl. Wiesbaden.

Bühler André/Nufer, Gerd (2013): Marketing im Sport. In: Nufer, Gerd/Bühler André (Hrsg.): Marketing im Sport. Grundlagen und Trends des modernen Sportmarketing. Berlin, 27-64.

Bühler, André/Nufer, Gerd (2016): Markenmanagement mit Social Media – dargestellt am Beispiel deutscher Fußballmarken. In: Regier, Stefanie/Schunk, Holger/Könecke, Thomas (Hrsg): Marken und Medien. Führung von Medienmarken und Markenführung mit neuen und klassischen Medien. Wiesbaden, 349-360.

Bühler, André/Scheuermann, Thorsten/Nufer, Gerd (2013): Markentypen im deutschen Profisport – Ergebnisse eines empirischen Forschungsprojekts zur Markenwahrnehmung in den deutschen Teamsportligen. Reutlingen.

Bundesliga (2014): So funktioniert das DFL-Lizenzierungsverfahren. www.bundesliga.de/de/liga/news/2013/so-funktioniert-das-dfl-lizenzierungsverfahren.php (20.04.2016).

Bundesliga Report 2016: Die Saison 2014/2015 auf einen Blick. http://s.bundesliga.de/assets/doc/1070000/1066689_original.pdf (14.04.2016).

Cöln, Christoph (2016): So gefährlich ist Chinas Großangriff im Fußball. http://www.welt.de/sport/fussball/internationale-ligen/article152200565/So-gefaehrlich-ist-Chinas-Grossangriff-im-Fussball.html (25.5.2016).

Daumann, Frank (2012): Besonderheiten von Ligen aus ökonomischer Sicht. In: Galli, Albert/Elter Vera-Carina/Gömmel, Rainer (Hrsg.) Sport-Management. Finanzierung und Lizenzierung Rechnungswesen, Recht und Steuern Controlling, Personal und Organisation Marketing und Medien. 2. Aufl. Regensburg, 5-24.

Desbordes, M. (2007): New Directions for Marketing in Football. In: Desbordes, M. (Hrsg.): Marketing and Football. An International Perspective. Oxford , 1-15.

DFB (2015): Verbandsstruktur in Deutschland. http://www.dfb.de/verbandsstruktur/landes-regionalverbaende/ (06.06.2016).

DFL (2016): Umsatz der 1. und 2. Fußball-Bundesliga von der Saison 2004/05 bis 2014/2015 (in Millionen Euro) http://de.statista.com/statistik/daten/studie/4867/umfrage/entwicklung-der-erloese-in-der-ersten-und-zweiten-fussballbundesliga/ (26.04.2016).

Drengner, Jan (2013): Markenkommunikation mit Sport. Wirkungsmodell für die Markenführung aus Sicht der Service-Dominant Logic. Wiesbaden.

Faz (2014): Das große Geld liegt im Ausland. http://www.faz.net/aktuell/sport/fussball/bundesliga/bundesliga-werbetouren-das-grosse-geld-liegt-im-ausland-12742066.html (20.5.2016).

FC Bayern (2016a): Audi Summer Tour 2016: FCB reist in die USA. https://www.fcbayern.de/de/news/news/2016/audi-summer-tour-2016-fcb-reist-in-die-usa-220316.php (20.5.2016).

FC Bayern (2016b): Der FC Bayern auf den sozialen Plattformen. https://www.fcbayern.de/de/fans/fcb-social-media/ (25.5.2016).

FIFA (2015): Big Count. http://de.fifa.com/worldfootball/bigcount/ (06.06.2016).

Freyer, Walter (2004): Grundlagen des Sport-Marketing In: Krüger, Arnd/Dreyer Axel (Hrsg.): Sportmanagement. München, 24-57.

Freyer, Walter (2011): Sport-Marketing. Modernes Marketing-Management für die Sportwirtschaft. 4.Aufl. Berlin.

Hahn, Alexander (2015): Fußball-Bundesliga 2015/2016: Die Slogans der 18 Clubs. http://www.slogans.de/magazine.php?Op=Article&Id=916 (20.5.2016).

Handelsblatt (2016): Die Bundesliga geht wieder los: Fernsehgelder liegen deutlich hinter englischen Standards. http://www.handelsblatt.com/sport/fussball/die-bundesliga-geht-wieder-los-4-fernsehgelder-liegen-deutlich-hinter-englischen-standards/12189766-3.html (25.04.2016).

Hermanns, Arnold/Riedmüller, Florian (2012): Marketing im Sport: Status Quo und Handlungsrahmen. In: Galli, Albert/Elter Vera-Carina/Gömmel, Rainer (Hrsg.) Sport-Management. Finanzierung und Lizenzierung Rechnungswesen, Recht und Steuern Controlling, Personal und Organisation Marketing und Medien. 2. Aufl. Regensburg, 372-395.

Holzmüller, Hartmut H./Cramer, Carsten/Thom, Dennis C. (2014): Markenführung im Profi-Fußball. St.Gallen.

Horch, Heinz-Dieter/Schubert, Manfred/Walzel, Stefan (2014): Besonderheiten der Sportbetriebslehre. Heidelberg.

Hwwi (2008): Wirtschaftsfaktor Fußball. http://www.hwwi.org/fileadmin/hwwi/Publikationen/Partnerpublikationen/HSH/Fussballstudie_14_B.pdf (09.06.2016).

Kainz, Florian/Haupt, Tobias/Werner, Christian (2014): Marketing-Trends im Fußball. Eine empirische Analyse von Erfolgsfaktoren der Social-Media-Kommunikation von Fußballunternehmen der 1. Bundesliga. In: Hildebrandt, Alexandra (Hrsg.): CSR und Sportmanagement. Jenseits von Sieg und Niederlage: Sport als gesellschaftliche Aufgabe verstehen und umsetzen. Heidelberg, 305-326.

Keller, Christian (2012): Strategisches Management im Sport In: Nufer, Gerd/Bühler, André (Hrsg.): Management im Sport. Betriebswirtschaftliche Grundlagen und Anwendungen der modernen Sportökonomie. 3.Aufl. Berlin, 117-150.

Kicker (2015): TV-Einnahmen: Sogar Englands Letzter vor den Bayern. http://www.kicker.de/news/fussball/bundesliga/startseite/628833/artikel_tv-einnahmen_sogar-englands-letzter-vor-den-bayern.html (25.04.2016).

Kicker (2016): 1. Bundesliga – Zuschauer http://www.kicker.de/news/fussball/bundesliga/spieltag/1-bundesliga/zuschauer-geschichte.html (20.04.2016).

Kiendl, Stephanie C. (2007): Markenkommunikation mit Sport. Sponsoring und Markenevents als Kommunikationsplattform. 1. Aufl. Wiesbaden.

Klein, Marie-Luise (2004): Institutionelle Rahmenbedingungen und Gegenstandsbereiche ökonomischer Forschung zum Fußball in Deutschland. In: Hammann, Peter/Schmidt, Lars/Welling, Michael (Hrsg.): Ökonomie des Fußballs. Grundlegungen aus volks- und betriebswirtschaftlicher Perspektive. 1. Aufl. Wiesbaden, 11-24.

Kreuzer, Heinz-Peter (2015): Das nahende Ende des „e.V.“. http://www.deutschlandfunk.de/fussballvereine-das-nahende-ende-des-e-v.1346.de.html?dram:article_id=317480 (24.5.2016).

Krüger, Arnd (2004): Einführung – Die Interdependenzen in der dualen Struktur des Sportmarktes. In: Krüger, Arnd/Dreyer Axel (Hrsg.): Sportmanagement. München, 6-22.

Mazurkiewicz, Dirk (2013): Markenmanagement. In: Bezold, Thomas/Thieme, Lutz/Trosien, Gerhard/Wadsack, Ronald (Hrsg.): Handwörterbuch des Sportmanagements. Frankfurt am Main, 165-168.

McKinsey (2015): Wachstumsmotor Bundesliga https://www.mckinsey.de/sites/mck_files/files/mckinsey_wachstumsmotor_bundesliga.pdf (26.04.2016).

Millward Brown (2015): Ranking der 25 wertvollsten Marken nach ihrem Markenwert im Jahr 2015 (in Milliarden US-Dollar). http://de.statista.com/statistik/daten/studie/6003/umfrage/die-wertvollsten-marken-weltweit/ (20.5. 2016).

Näher, Thomas (2015): Die Schlupflöcher der 50+1 Regel. http://www.stuttgarter-nachrichten.de/inhalt.fussball-investoren-die-schlupfloecher-der-50-1-regel.662f49cc-ccc0-44bd-99b0-5b6921a9fdde.html (05.05.2016).

Nufer, Gerd/Bühler André (2013): Marketing und Sport: Einführung und Perspektive. In: Nufer, Gerd/Bühler André (Hrsg.): Marketing im Sport. Grundlagen und Trends des modernen Sportmarketing. Berlin, 3-26.

Pfund, Andreas (2012): Definition der Zielgruppe und Zielgruppenanalyse. http://www.andreas-pfund.de/konzeption/konzeption_methode_webseite/webseite_zielgruppe_definition.php (01.06.2016).

Puck, Jonas F./Wirth, Thorsten (2009): Die Internationalisierung des FC Bayern München. Konfiguration, Koordination und Kundenintegration bei einem international tätigen Fußballclub. In: Management internationaler Dienstleistungen mit 3K. Konfiguration – Koordination – Kundenintegration. 1. Aufl. Wiesbaden, 111-128.

Repucom (2015): Verteilung des Sportsponsoringvolumens in Deutschland im Jahr 2014/2015 nach Sportarten (Top-100-Sponsoren) http://de.statista.com/statistik/daten/studie/421835/umfrage/volumen-des-sportsponsorings-in-deutschland-nach-sportarten/ (25.5.2016).

Riedmüller, Florian (2013): Sportmarketing. In: Bezold, Thomas/Thieme, Lutz/Trosien, Gerhard/Wadsack, Ronald (Hrsg.): Handwörterbuch des Sportmanagements. Frankfurt am Main, 334-341.

Riedmüller, Florian (2014): Marken-Management für Vereine als Ansatz zur Sicherung langfristiger sportlich-wirtschaftlicher Erfolge. In: Preuß, Holger/Huber, Frank/Schunk, Holger/Könecke, Thomas (Hrsg.): Marken und Sport. Aktuelle Aspekte der Markenführung im Sport und mit Sport. Wiesbaden, 73-92.

Schade, Michael (2012): Identitätsbasierte Markenführung professioneller Sportvereine. In: Burmann, Christoph/Kirchgeorg, Manfred (Hrsg.): Innovatives Markenmanagement. Wiesbaden, 1-247.

Schmitt, Christian (2011): Markenmanagement. In: media-Treff Sonderausgabe 2011, 4-32.

Schneider, André/Köhler, Julia/Schumann, Frank (2016): Medien und Psychologie im Spitzensport – Eine Einführung. In: Schneider, André/ Köhler, Julia/Schumann, Frank (Hrsg): Sport im Spannungsfeld zwischen Medien und Psychologie. Wiesbaden, 11-36.

Schröder, Jens (2014): Deutscher WM-Sieg holt Quote für die Ewigkeit. http://meedia.de/2014/07/14/3465-mio-deutscher-wm-sieg-holt-quote-fuer-die-ewigkeit/ (08.06.2016).

Schürmann, Lukas (2015): FC Bayern will China erobern. http://www.manager-magazin.de/unternehmen/international/fc-bayern-will-china-erobern-a-1044669-2.html (25.5.2016).

Schwegler, Petra (2014): Fußball-WM prägt TV-Jahr 2014. http://www.wuv.de/medien/fussball_wm_praegt_tv_jahr_2014 (04.05.2016).

Sport 1 (2016): Bayern auf Platz vier der wertvollsten Vereine Europas. http://www.sport1.de/fussball/2016/05/fc-bayern-auf-platz-vier-der-wertvollsten-vereine-europas (27.5.2016).

Stelmaszyk, Lukas (2013): TV wichtigstes Medium für Fußballinteressierte. http://www.sponsors.de/tv-wichtigstes-medium-fuer-fussballinteressierte (10.05.2016).

Ströbel, Tim (2012): Die Einflussfaktoren der Markenbewertung im Sport. Eine emprische Analyse der Zusammenhänge von Klubmarken. In: Esch, Franz-Rudolf/Decker, Reinhold/Herrmann, Andreas/Sattler, Henrik/Woratschek, Herbert (Hrsg.): Marken- und Produktmanagement. Wiesbaden, 1-210.

Tham, Thorsten (2008): Einführung eines stakeholderorientierten Leitbildes im Fußball. In: Akademische Marketinggesellschaft (Hrsg.): Aktuelle Perspektiven des Marketingmanagements. Reflektionen aus den Bereichen Holistic Branding, Media Management und Sustainability Marketing. 1. Aufl. Wiesbaden, 61-74.

Transfermarkt (2016): Internationale Fußballligen mit den höchsten Ausgaben für Spieler-Transfers im Winter 2015/2016 (Stand: 23. Februar 2016; in Millionen Euro). http://de.statista.com/statistik/daten/studie/508018/umfrage/transferausgaben-im-fussball-nach-laendern-winter/ (25.5.2016).

Tz (2015): FC Bayern vermeldet neue Rekordzahlen. http://www.tz.de/sport/fc-bayern/fc-bayern-muenchen-neue-rekorde-mitgliederzahlen-umsatz-gewinn-5907094.html (20.5.2016).

UEFA (2014): Finanzielles Fairplay kurz erklärt. http://de.uefa.com/community/news/newsid=2065553.html (25.5.2016).

Van Overloop, Pascal C. (2015): Internationalisierung professioneller Fußballclubs. Grundlagen, Status Quo und Erklärung aus Sicht des Internationalen Managements. Wiesbaden.

Wiesner, Knut (2004): Internationales Management. Wirtschaft- und Sozialwissenschaftliches Repetitorium. München/Wien.

Wöckener, Lutz/Tenbusch, Roland (2016): So werden die TV-Milliarden in Europa verteilt. http://www.welt.de/sport/fussball/bundesliga/article153701973/So-werden-die-TV-Milliarden-in-Europa-verteilt.html (25.5.2016).

Woisetschläger, David/Backhaus, Christof/Dreisbach, Jan (2015): Fußballstudie 2015. Die Markenlandschaft der Fußball-Bundesliga. Braunschweig.

Wolf, A. (2007): Die Internationalisierung der Wertschöpfungsaktivitäten professioneller Fußballvereine. Eine explorative Studie der Vereine der fünf europäischen Fußballkernmärkte. München.